612340005

720

 SpringerWienNewYork

DUBLIN

Donated to

**Visual Art Degree
Sherkin Island**

D1353771

Kunst und Architektur im Gespräch | Art and Architecture in Discussion

edited by
Cristina Bechtler

Art becomes Architecture becomes Art

A Conversation between
Vito Acconci and Kenny Schachter,
moderated by
Lilian Pfaff

SpringerWienNewYork

CONTENTS

PREFACE

"Art becomes Architecture — Architecture becomes Art" — the title underscores Vito Acconci's transition from artist to architect. He originally made a name for himself with his performances of the 60s and 70s but, for the past 25 years, architecture has been his main concern. Since 1988 Acconci Studio have been designing architectural projects under his supervision, some of which they have executed with great success. This radical change from artist to architect follows a trail that begins with Acconci's own body, moves into the exhibition space, then out into the public arena, and — so it seems in his collaborative enterprise with art dealer Kenny Schachter — back again into the space of the gallery, but now in the role of an interior decorator. "… all I did was become an interior decorator for the gallery; I

„Art becomes Architecture – Architecture becomes Art" – der Titel verdeutlicht Vito Acconcis Werdegang vom Künstler zum Architekten. Vito Acconci, der vor allem durch sein performatives Frühwerk der 60er und 70er Jahre bekannt geworden ist, beschäftigt sich seit 25 Jahren mit Architektur. Seit 1988 entwirft das von ihm geleitete Acconci Studio architektonische Projekte und hat einige davon mit Erfolg realisiert. Dieser radikale Wandel vom Künstler zum Architekten vollzieht sich ausgehend von der Auseinandersetzung mit dem eigenen Körper hin zum Ausstellungsraum und zum öffentlichen Raum – und, so scheint es in der Zusammenarbeit mit dem Galeristen Kenny Schachter, – wieder zurück: vom Aussenraum in den Galerieraum, nun jedoch in der Rolle eines „Innendekorateurs." "… all I did was become an interior decorator for the gallery; I was

was camouflaging the gallery's function as a store. That was the real frame for art: the gallery as a store."[1]

Language games have always played an important role for Vito Acconci (born 1940), who is also a literary scholar. Reversals or inversions read like dadaist wordplay or works of concrete poetry, in which words are transformed into matter and escape the confines of the page. At the end of the 60s, the artist's performances addressed and challenged his readers/ viewers directly. In time, however, his actions and performances were no longer played out live with an audience but took place in front of the video camera. In addition, Acconci became involved in Body Art, incorporating himself into his work by biting his own arm, for example, and stamping himself as if he were a work of art. In his notorious performance at Sonnabend Gallery in New York, he was invisible altogether, his presence in the gallery marked only by sound, since he lay under a ramp while visitors walking overhead heard him masturbating.

camouflaging the gallery's function as a store. That was the real frame for art: the gallery as a store."[1]

Sprachspiele spielten für Vito Acconci (geb. 1940) als Literaturwissenschaftler von Anfang an eine wichtige Rolle. Umkehrungen oder Verkehrungen lesen sich wie dadaistische Wortspielereien oder Werke Konkreter Poesie, in denen die einzelnen Worte Material werden und bald über die Textseite hinausgehen. Ende der 60er Jahre wird der Leser/Betrachter in Performances direkt angesprochen und aufgefordert. Diese Aktionen und Performances finden zuerst vor Publikum später dann für die Videokamera statt. Gleichzeitig setzt sich Vito Acconci im Kontext der Body Art mit seinem Körper auseinander, wenn er sich selbst in den Arm beisst und sich einem Kunstwerk gleich einen Warenstempel aufdrückt. Berüchtigt ist seine Performance in der Sonnabend Gallery in New York, in der sich der Künstler in den Raum einschreibt, selbst jedoch nicht mehr sichtbar, sondern nur noch hörbar ist, wie er unter der Rampe liegend masturbiert.

In raumgreifenden und ortsspezifischen Installationen ab Mitte der 70er Jahre hinterfragt Vito Acconci gesellschaftliche Codes und damit auch den Kunstraum,

In large, site-specific installations from the mid-70s, Vito Acconci questioned social codes, including those that apply to the space of art, the art world, and even his own status as an artist. In these „sets," consisting of furniture and architectural elements, the artist speaks urgently to the viewer. It was then that he first moved out of the space of art and into the social environment, a development symbolized at the end of the 70s by his leaping out of an exhibition venue.

The integration of installations in public space went hand in hand with a growing interest in architecture, marked by analyses of changing contexts, the breakdown of the boundaries between genres, and, ultimately, the attempt to fuse art and life. In the early 80s, Acconci produced emblematic façades, which viewers could put together, like toys, to build houses. In contrast, his Public Art Projects took the shape of gigantic enlargements of everyday objects, placed outdoors and on plazas, where they functioned as "sit-on-able" sculptures. This semiotic approach to architecture — Robert Venturi also talks about it in *Learning from Las Vegas* — affects

die Kunstwelt und seinen Status als Künstler an sich. In diesen „Sets" aus Möbeln und architektonischen Elementen spricht der Künstler mit eindringlicher Stimme auf den Betrachter ein. Es findet erstmals eine Verschiebung in Richtung des sozialen Umfeldes statt, womit der Beschäftigung mit ausserkünstlerischen Bereichen die Tür geöffnet wurde. Hier bahnt sich der Austritt aus dem Kunstraum bereits an, den er Ende der 70er Jahre symbolisch mit einem Sprung aus dem Ausstellungsraum bestreitet.

Mit der Integration von Installationen in den öffentlichen Raum beginnt gleichzeitig das Interesse an Architektur, indem er die Veränderung des Kontextes analysiert und die Gattungsgrenzen auflöst – und damit letztlich versucht, Kunst und Leben zu verschmelzen. Einerseits prägen zeichenhafte Fassaden, die der Betrachter selbst wie Spielzeuge zu Häusern aufbauen kann, die frühen 80er Jahre, andererseits dienen die Public Art Projekte in Form von riesenhaften Vergrösserungen von Alltagsgegenständen als „besitzbare" Skulpturen in der Landschaft oder auf Plätzen. Diese erste semiotische Herangehensweise an Architektur, wie sie auch Robert Venturi in *Learning from Las Vegas* formulierte, geht ein-

modes of intervention and involvement in public and private space: the addition, subtraction, and inversion of architectural signs and symbols invest locations or projects with unexpected and at times ironic meaning.

The technical complexities of such major projects motivated Acconci's first cooperative ventures with architects. Then, in 1988, he set up his own architectural office, Acconci Studio, employing between five and ten people, where, in the meantime, some 150 architectural projects have been designed. The change of name, which evokes multiple authors although still remaining focused on the artist, and numerous manifesto-like tracts, such as *Coming Out (notes on public art)*, 1987, spelled out and demonstrated the definitive transition to architecture. Influenced by deconstructivist architecture, Acconci changed his approach. He literally cut up outside spaces or took apart existing architecture. His first executed project, *Storefront for Art & Architecture*, built in New York in 1993, shows several elements that have since become characteristic of the Studio's work: movable architecture (the opening and unfolding of the façade), the overlapping

her mit der Art der Intervention und der Behandlung des öffentlichen und privaten Raums: Addition, Subtraktion und Inversion von architektonischen Zeichen und Symbolen erzeugen unerwartete und teils auch ironische Bedeutungen des Ortes oder der Aufgabe.

Die technische Bewältigung derart grosser Projekte führt Acconci zur ersten Zusammenarbeit mit Architekten. 1988 gründet er schliesslich sein eigenes Architekturbüro Acconci Studio, unter dessen Namen seither 5-10 Personen arbeiten und mittlerweile über 150 architektonische Projekte entworfen haben. Mit dieser Namensänderung, die eine multiple Autorschaft evoziert, letztlich jedoch auf den Künstler fokussiert bleibt, ebenso wie mit zahlreichen manifestartigen Schriften, z.B. *Coming Out (notes on public art)*, 1987, begründet und vollzieht er den Wechsel in den Bereich der Architektur endgültig. Beeinflusst durch die dekonstruktivistische Architektur findet eine Veränderung innerhalb seiner Vorgehensweise statt. Er zerschneidet nun buchstäblich den Aussenraum oder zerlegt die bestehende Architektur. Als erstes realisiertes Projekt kann der *Storefront for Art & Architecture*, 1993 in New York gelten, bei dem weitere Elemente deutlich wer-

of several functions (seating and exhibiting), and the associated link between public and private space.

Acconci Studio's largest project to date, *Mur Island*, 2003 in Graz, illustrates the recent move towards topological architecture. Sampling and reassembling earlier ideas, like covering a façade with a waterfall, led to the idea of water flowing down the outside of the island in Graz. Acconci Studio focus especially on movement in architecture, be it real or symbolic, much like an organism that undergoes constant change. This is quintessentially demonstrated by the shape of the Moebius strip, which is generated by movement and in turn evokes movement itself, in the process of which levels, such as ceiling and floor or inside and outside, begin to melt into each other.

By confronting users with performative architecture in everyday spaces, Acconci Studio break the rules that conventionally govern what architecture can and may be. For this reason, architectural projects often resemble play-

den, die seither charakteristisch für Acconcis Werk sind: Die Bewegung von Architektur (Aufklappen der Fassade), das Vereinen verschiedener Funktionen (Sitzen und Ausstellen) und damit die Verbindung von öffentlichem und privaten Raum.

Mit seinem bisher grössten Projekt, der *Mur Island*, 2003 in Graz wird eine neue Phase, die der Topologischen Architektur, deutlich. Vorgängige Ideen werden nun gesampelt und neu zusammengesetzt, wie der Wasserfall an einer Fassade, der auch in Graz über die Aussenseite der Insel fliessen sollte. Acconci Studio arbeitet verstärkt an der Beweglichkeit von Architektur, ob diese sich nun tatsächlich bewegt oder nur symbolisch, bzw. gleich einem Organismus, sich ständig verändert. Beispielhaft steht dafür die Form der Möbius-Schlaufe, die durch Bewegung generiert wurde und ihrerseits Bewegung evoziert, wodurch verschiedene Ebenen, wie Decke und Boden, innen und aussen ineinander übergehen.

Indem Acconci Studio den Benutzer mit performativen Architekturen im alltäglichen Raum konfrontieren, brechen sie die Regeln dessen, was Architektur kann und darf. Die architektonischen Projekte gleichen deswegen oftmals Spielplätzen,

grounds that offer a regimented orbit of action for viewers and users. But it is possible to influence viewers even more directly if, as Vito Acconci indicates in conversation, music or fashion were involved to create an all-embracing ambience.

Kenny Schachter (born 1961), gallerist, exhibition maker, and artist, relates to the artistic world of Vito Acconci from a different angle. At the beginning of the 90s in New York, he founded Rove, a literally roving gallery for the presentation of art in various places such as warehouses, empty stores, and his own apartment. Schachter mounted exhibitions, concerts and performances in his capacity as a promoter of and liaison between the art and music scene. The change of location and the constantly changing temporary exhibition architecture determined the nature of Kenny Schachter's relationship to art. At the same time, he changed his own role, by switching from writer to critic and from artist to curator, and by treating the art market as a necessary evil to be dealt with both offensively and subversively at once.

die reglementierte Handlungsräume für den Betrachter und Benutzer bieten. Viel direkteren Einfluss auf den Benutzer könnten sie jedoch nehmen wenn sie, wie Vito Acconci im Gespräch andeutet, mit Musik oder Mode ganze Ambiencen kreieren würden.

Kenny Schachter (geb. 1961), der sich als Galerist, Ausstellungsmacher und Künstler versteht, bearbeitete das künstlerische Umfeld von Vito Acconci von einer anderen Seite aus. Anfang der 90er Jahre gründete er Rove, das Projekt einer nomadisierenden Galerie, in der Schachter an verschiedenen Orten in New York Kunst zeigte: in Lagerhäusern, leeren Läden und seiner Wohnung. Schachter operierte als Förderer und Vermittler zwischen den Szenen der Kunst und der Musik, so fanden in der Galerie Ausstellungen, Konzerte und Performances statt. Der Ortswechsel und die sich permanent wandelnde temporäre Ausstellungsarchitektur bestimmen das Verhältnis von Kenny Schachter zur Kunst an sich. Gleichzeitig veränderte er seine eigene Rolle und wechselte vom Autor zum Kritiker oder vom Künstler zum Kurator, wobei er den Kunstmarkt als notwendiges Übel betrachtet, dem man auch offensiv und subversiv zugleich begegnen kann.

Given the way in which his attitude ties in with Vito Acconci's, it is quite astonishing that the two have known each other personally for only five years. Kenny Schachter shares Acconci's aversion to the art system and its machinations. Although the latter turned his back on that scene in the 80s, the audience for his performances and videos is still restricted almost exclusively to the art world. Thanks to his ideas, aimed at subverting existing relations of power and undermining the presentation of art in the White Cube, Kenny Schachter has succeeded in drawing Vito Acconci back into the exhibition space.

The irony of entrusting the design of a gallery to an architect and former artist, who has such an ambivalent attitude toward the world of art, is revealed in the present conversation, in the architectural construction of the gallery, and also in the three trade booths that Acconci Studio created for Kenny Schachter. In contrast to the collaborative work with Steven Holl for the *Storefront for Art & Architecture*, Acconci Studio's first joint project with Kenny Schachter took the needs and ideas of the gallerist himself so

Seine Haltung entspricht in gewisser Weise derjenigen von Vito Acconci, weshalb es erstaunlich ist, dass sich die beiden erst seit 5 Jahren persönlich kennen. Denn Kenny Schachter teilt Acconcis Unbehagen gegenüber dem Kunstsystem und dessen Machenschaften, von denen sich der Künstler seit den 80er Jahren distanziert hat, obwohl er immer noch über seine Performances und Videos fast ausschliesslich in der Kunstwelt rezipiert wird. Kenny Schachter gelang es durch seine Ideen, die darauf zielen, bestehende Machtverhältnisse sowie die Präsentationen von Kunst im White Cube in Frage zu stellen, Vito Acconci wieder in den Ausstellungsraum zurückzuholen.

Die Ironie, einen Architekten und ehemaligen Künstler, der dieser Welt zwiespältig gegenübersteht, mit dem Entwurf einer Galerie zu beauftragen, zeigt sich im Gespräch und in den architektonischen Konstruktionen der Galerie, aber auch in den drei Messekojen, die Acconci Studio in Folge für Kenny Schachter realisierte. Im Unterschied zur Zusammenarbeit mit Steven Holl für den *Storefront for Art & Architecture* standen beim ersten gemeinsamen Projekt mit Kenny Schachter die Bedürfnisse und Ideen des Galeristen im Zentrum, so wörtlich, dass Acconci Stu-

literally that he was placed dead center in the exhibition booths during the two Armory Shows in 2003 and 2004. Theoretical discussions on the very essence and nature of a gallery resulted in the first exhibition space, Kenny Schachter conTEMPorary, 14, Charles Lane, West Village, New York, which ran from 2001 to 2004. Since then Vito Acconci and Kenny Schachter have been working on various projects for a new space in London, where Schachter moved in the fall of 2004. This gave Acconci the opportunity to design a plaza, the realization of which was under debate at the time of the present conversation.

The conversation with Vito Acconci and Kenny Schachter took place on 17 July 2004 in London and on 16 June 2005 in Basel. This book is a synthesis of the two sessions. I thank Vito Acconci and Kenny Schachter for their interest in and willingness to conduct a second intense conversation, Cristina Bechtler for her confidence in the project, Sylvia Bandi for the transcription of the first conversation, Dora Imhof for the transcription of the second as well as her critical support, Catherine Schelbert for editing the

dio ihn gleich noch in die Mitte der Ausstellungskojen während der Armory Show 2003 und 2004 setzte. Über die theoretische Auseinandersetzung mit der Frage, was eine Galerie überhaupt sein kann, gelangten sie zum ersten Ausstellungsraum Kenny Schachter conTEMPorary, 14, Charles Lane, West Village, New York, der von 2001-2004 bestand. Seither sind verschiedene Projekte für einen neuen Raum in London, wohin Kenny Schachter im Herbst 2004 übersiedelte, im Gange. Daraus ergab sich für Vito Acconci ganz direkt eine Platzgestaltung, deren Realisierung beim Gespräch gerade zur Debatte stand.

English version, and the Kunstmuseum Basel for generously allowing us to use their premises.

Das Gespräch mit Vito Acconci und Kenny Schachter hat am 17. Juli 2004 in London und am 16. Juni 2005 in Basel stattgefunden. Dieses Buch ist eine Synthese aus beiden Diskussionen. Ich danke Vito Acconci und Kenny Schachter für ihr Interesse und ihre Bemühungen ein zweites intensives Gespräch zu führen, Cristina Bechtler für das entgegengebrachte Vertrauen und die gute Zusammenarbeit, Sylvia Bandi für die Transkription des ersten Gesprächs, Dora Imhof für die Transkription des zweiten Gesprächs und die kritische Begleitung des Projekts, Cathrine Schelbert für die Endfassung der englischen Version und dem Kunstmuseum Basel für die Zurverfügungstellung seiner Räume.

Lilian Pfaff

1 Vito Acconci im Interview mit Marc C. Taylor, in: Ward, Frazer (Hrsg.): Vito Acconci, London 2002, S. 12

Kenny Schachter, Lilian Pfaff, Vito Acconci

Art becomes Architecture becomes Art

Vito Acconci, Kenny Schachter, Lilian Pfaff and Cristina Bechtler in Conversation

London, July 2004 / Basel, June 2005

Lilian Pfaff

The gallery Kenny Schachter conTEMPorary is a joint project. Was it a shared collaboration or more of a client-architect relationship?

Vito Acconci

I think, it's somewhere in between. Client-architect working-relations tend always towards collaboration. In a sense, the one thing we crave, when we work with clients, is to find out what they think, what they want. That gives us a starting point. I'm not sure if Kenny told us what he wanted, but he told us an awful lot about what he didn't want, about what he hated. It wasn't a collaboration in the sense that Kenny worked with us as we

Lilian Pfaff

Die Galerie Kenny Schachter conTEMPorary ist ein gemeinsames Projekt. War es eine Gemeinschaftsproduktion oder eher eine normale Bauherren–Architekten–Beziehung?

Vito Acconci

Es liegt wohl dazwischen. Arbeitsbeziehungen zwischen Bauherr und Architekt entwickeln sich meist zu einer engeren Zusammenarbeit. In gewisser Weise ist es ja auch das, was wir bei der Arbeit mit unseren Bauherren zu erreichen versuchen, wir möchten herausfinden, was sie denken, was sie wollen. Daraus ergibt sich für uns ein Ausgangspunkt. Ich bin mir eigentlich nicht ganz sicher, ob Kenny

Kenny Schachter's conTEMPorary, New York, 2003

designed. But we showed Kenny a lot of things as we progressed. He talked a lot about the relation of the street and the gallery. He hated the idea of the street ending and the gallery beginning. At the same time he brought up the fact that that the side of the gallery in New York was on an alley where a lot of things are going on. People fuck, people get blow jobs, and people take drugs. He wants the street to extend into the gallery. However, the gallery is part of his house, he has kids, and he doesn't exactly want this stuff. So he gave us confusion. We want to connect to the street, but we can't connect to this particular street, so what do we do as an alternative?

Kenny Schachter

We even started before that. Our first liaison together was regarding a kind of theoretical space. We started speaking together about me not knowing exactly what I wanted. We didn't even have a concrete space yet. Really it was just fleshing out the notion of a radical departure from the typical way that exhibition spaces are designed. The first part was this the-

uns gesagt hat, was er tatsächlich will, aber er erzählte uns ungeheuer viel davon, was er nicht will, was er absolut nicht möchte. Es war keine Zusammenarbeit in dem Sinn, dass Kenny mit uns zusammen etwas entwarf. Aber wir zeigten ihm im Verlauf der Arbeit sehr vieles. Er sprach sehr viel über die Beziehung zwischen Straße und Galerie. Die Vorstellung, dass die Straße an einem Punkt endet und dann die Galerie beginnt, gefiel ihm überhaupt nicht. Zugleich betonte er, dass die Eingangsseite der Galerie in New York an eine Straße grenzt, in der viel abgeht. Die Leute vögeln, kriegen einen geblasen, nehmen Drogen. Er wollte zwar die Verlängerung der Straße in die Galerie, aber die Galerie war gleichzeitig auch Teil seines Privathauses, und er hat Kinder und wollte dieses Straßenleben nicht bei sich haben. Das verwirrte uns natürlich. Man will die Verbindung zur Straße, aber kann keine Verbindung zu dieser speziellen Straße herstellen – welche Möglichkeiten gibt es dann noch?

Kenny Schachter

Unsere Überlegungen setzten weitaus früher an. In unseren ersten Gesprächen ging es um eine Art theoretischen Raum. Wir begannen, und ich wusste eigent-

oretical gallery, a model came from it; from there we went to the actual gallery we built, and then we did three booths for art fairs together.

Vito Acconci

We started by thinking: let's think of a gallery before we think of art. So it is a place without walls, without floors, without ceilings. You walk into a void and then you have a floor where you need it, you have a ceiling where you need it. I think Kenny asked us to do a model, not of a gallery, but of an idea of a gallery, because I think he thought that from there on we could talk. He set the stage for something that we always set up in the studio: discussion, and the discussion can be an argument, maybe an antagonism, maybe not, but at least collision and I think collision is important. When we work in the studio, we throw around a lot of ideas, we agree, we disagree. I don't think the goal is resolution; the goal is more a collection of disparate elements that remain somewhat disparate because if things become too resolved, it is a closed system.

lich gar nicht so genau, was ich wollte. Es gab nicht einmal einen konkreten Raum bis dahin. Wir entwickelten einfach die Idee einer radikalen Abkehr von der typischen Gestaltung von Ausstellungsräumen. Zuerst gab es diese theoretische Galerie, daraus entstand ein Modell; und davon ausgehend kamen wir zur tatsächlichen Galerie, die wir gebaut haben, und danach gestalteten wir drei Messestände.

Vito Acconci

Wir begannen mit folgender Überlegung: Stellen wir uns einmal eine Galerie vor, bevor wir an Kunst denken. Es ist zunächst ein Ort ohne Wände, ohne Böden, ohne Decken. Man läuft in einen Hohlraum und macht sich einen Boden, wo man ihn braucht, und eine Decke, wo man sie braucht. Ich glaube, Kenny bat uns, nicht ein Modell einer Galerie anzufertigen, sondern das der Idee einer Galerie, da er dies wohl für einen guten Ausgangspunkt für ein Gespräch hielt. Er schuf den Rahmen für das, was in unserem Büro immer stattfindet: Diskussion, und die Diskussion kann auch Streit sein, vielleicht sogar mit echten Differenzen, aber zumindest gegensätzliche Meinungen, denn diese halte ich für ganz wichtig.

Lilian Pfaff

But you did decide to work with an existing space.

Vito Acconci

One of the reasons why we gravitated towards the notion of an existing New York space was that it gave us columns. So we had starting points for walls, ceilings, and furniture. All the parts of walls, floors, and ceilings would be folded and stacked onto the columns. You could pull out an entire floor or only the amount of floor and wall that you wanted. I don't know if we carried that through enough, but we at least introduced the potential.

Kenny Schachter

It was almost like a shell. The walls would come out of the column, accordion-style. There wasn't a given. In an exhibition space you take for granted that there are four walls and a floor and a ceiling. But in this case, basically none of these things existed. You could pull down a wall, whatever the need was.

Wenn wir im Büro arbeiten, entwickeln wir viele Ideen, es gibt Zustimmung und Ablehnung. Das Ziel ist nicht so sehr die Lösung; das Ziel ist eher eine Sammlung gegensätzlicher Elemente, die irgendwie gegensätzlich bleiben, denn wenn es immer eindeutige Lösungen gibt, erhält man ein in sich abgeschlossenes System.

Lilian Pfaff

Aber du hast dich dann doch entschlossen, eine Arbeit für einen bestehenden Raum zu machen.

Vito Acconci

Einer der Gründe, warum wir uns immer mehr der Vorstellung eines bestehenden Raums in New York annäherten, war das Vorhandensein von Stützen. Damit erhielten wir Ausgangspunkte für Wände, Decken und Mobiliar. Alle Wand-, Boden- und Deckenteile sollten sich aus den Stützen falten und an sie andocken lassen. Man könnte einen gesamten Boden oder nur einen Teil des Bodens und der Wand nach Bedarf herausziehen. Ich weiß nicht, ob wir diese Idee ausreichend durchdacht haben, aber wir haben zumindest die Möglichkeit durchgespielt.

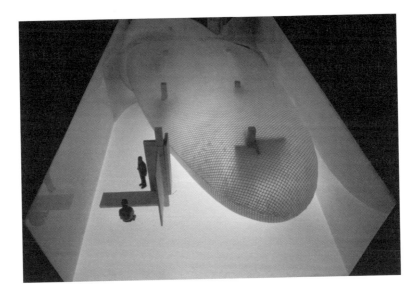

First Proposal Kenny Schachter Gallery, New York, 2001

Vito Acconci

Then, after that, we became more open; we thought about bringing the street into the gallery. No matter what building this gallery is, it would have to have some kind of façade. Could we literally suck the façade in? As you walk, you walk into the interior of a shell, the skin of the gallery wraps around the viewers as they walk into it.

Kenny Schachter

In the beginning, when Vito brought up the idea of actually bringing the sidewalk into the space, the initial notion was that there would be no façade during opening hours, just a wide open interface between public and private.

Vito Acconci

We hoped that we could use some kind of climate control.

Kenny Schachter

Die Idee war eine Hülle. Die Wände falteten sich aus der Stütze wie bei einem Akkordeon. Es gab keine Vorgaben. Bei einem Ausstellungsraum setzt man voraus, dass es vier Wände, einen Boden und eine Decke gibt. Aber in diesem Fall gab es praktisch nichts davon. Wir konnten eine Wand herunterziehen, wo wir sie gerade brauchten.

Vito Acconci

Danach wurden wir offener und überlegten, wie wir die Straße in die Galerie bringen könnten. Unabhängig davon, wie das Gebäude der Galerie aussieht, sie musste irgendeine Art von Fassade haben. Könnten wir buchstäblich eine einsaugende Fassade machen? Beim Gehen läuft man in das Innere einer Hülle, die Haut der Galerie wickelt sich um die Besucher, während sie hineingehen.

Kenny Schachter

Am Anfang, als Vito seinen Vorschlag einbrachte, den Weg in den Raum weiter zu ziehen, gab es diese erste Vorstellung, dass während der Öffnungszeiten keine

Kenny Schachter
Rem Koolhaas just did a store for Prada in Los Angeles and he got hold of the technology and instituted this invisible curtain wall, a heat curtain wall of thermal insulation that separates the outside weather from the inside.

Vito Acconci
Even with the heat screen you need some kind of a security screen. Even

Fassade, sondern nur eine große offene Verbindung zwischen öffentlichem und privatem Raum vorhanden sein würde.

Vito Acconci
Wir hofften, wir könnten irgendeine Art von Klimakontrolle einsetzen.

Kenny Schachter
Rem Koolhaas stellte gerade einen Laden für Prada in Los Angeles fertig und setzte neue Technologien so ein, dass er eine unsichtbare Vorhangwand erhielt, eine Wärmewand als Dämmung, die das Klima außen von dem innen trennt.

Vito Acconci
Aber selbst wenn es einen Wärmeschleier gibt, braucht man einen Sicherheitsvorhang. Sogar der Prada Laden muss über Nacht geschlossen werden, wenn aus dem Wärmeschleier nicht Feuerwände werden sollen.

Rem Koolhaas, Prada, Los Angeles, 2004

the Prada store comes down at night, unless the heat were to become unbearable fire.

Kenny Schachter

We started with the gallery in January 2001. I was trying to raise money for the building, but this fell through because of the frenzy in the real estate market. So I was faced with either stopping or waiting. I decided to carve a venue out of a section of my living space. There were two entrances to my house, one on Charles Street and the other on this little alleyway, Charles Lane. It fit perfectly into one of the issues that Vito is constantly dealing with in his work as well—the separation of public and private. I worked as a curator for 15 years organizing exhibitions in lots of different spaces and I always kept the doors open and I was always interested in this kind of critique of the gallery. I would never put the word gallery on the door because I think you are pigeonholing yourself by triggering a set of very explicit expectations in people. Galleries all over the world look the same, the mindset is the same, too, and the structure the

Kenny Schachter

Wir begannen mit der Galerie im Januar 2001. Ich versuchte, Geld für das Gebäude aufzutreiben, aber dies gelang wegen der Turbulenzen auf dem Immobilienmarkt nicht. Also stand ich vor der Wahl aufzugeben oder zu warten. So entschloss ich mich, aus meinem Wohnraum ein Stück herauszuschneiden. Es gab zwei Eingänge in mein Haus, einer an der Charles Street und der andere an diesem Verbindungsweg, Charles Lane. Dies passte perfekt zu einem der Themen, mit denen sich Vito auch ständig in seinen Arbeiten befasst – die Trennung von öffentlich und privat. Ich habe fünfzehn Jahre lang als Kurator Ausstellungen in sehr vielen unterschiedlichen Räumen organisiert und war immer ein Freund von offenen Türen, und ich nahm auch immer diese Art von Kritik an Galerien ernst. Ich würde nie das Wort Galerie auf die Tür schreiben, da man sich damit selbst in eine Schublade steckt, denn man weckt damit ganz bestimmte Erwartungen bei den Menschen. Auf der ganzen Welt sehen Galerien gleich aus, es ist immer die gleiche Mentalität, und auch der Aufbau ist gleich. Wir wollten die Sache ganz anders angehen. Ich wollte mich nicht an all diese ungeschriebenen Gesetze halten, an die sich jeder hält. Wir rissen alle diese Vorstellungen nieder und setzten

same. What we wanted to do is to start from a different point. I didn't want to stick to all those unwritten laws that everybody abides by. We went about deconstructing that without taking anything for granted. There was the space, and there were two sides to it. There was a separation to my family, my kids and my life on the backside, and then there was a separation on the front side, with the street and the public.

Vito Acconci

We never dealt with the street enough. We set up a steel wall—ok it was diagonal, it went into the gallery, it was the basis of the rest of the gallery, but in some ways it was a barrier.

Kenny Schachter

With all the activity that went on in the alleyway, I'm glad we did have a steel barrier! But it was the door that really began this process of continuity between the elements inside the space. It jutted out into the public space, so that instead of bringing things into the architecture of the gallery,

nichts voraus. Es gab den Raum, und er teilte sich in zwei Bereiche. Auf der Rückseite war meine Familie, meine Kinder und mein Leben, und nach vorne gab es die Straße und die Öffentlichkeit.

Vito Acconci

Wir haben die Straße nie in ausreichendem Maße einbezogen. Wir stellten eine Stahlwand auf – ok, sie war schräg und reichte in die Galerie, sie bildete die Basis für den Rest der Galerie, aber in gewisser Weise war sie eine Barriere.

Kenny Schachter

Bei all dem, was auf der Durchgangsstraße passiert, war ich froh, diese Stahlbarriere zu haben! Aber es war die Tür, mit der eigentlich diese Kontinuität zwischen den Elementen im Raum einsetzte. Sie ragte in den öffentlichen Raum, und damit brachte sich nicht etwas in das Gebäude der Galerie ein, sondern die Galerie floss oder drang in den öffentlichen Raum.

the gallery transgressed or encroached into the public space.

Vito Acconci

We started with a piece of steel. You need a door, so you cut into that piece of steel and you have the entrance of the gallery. When that piece of steel went inside the gallery, it could split and twist: it could become a shutter for the window on the front wall, or it could become the reception desk or the seat for the receptionist.

Lilian Pfaff

Like the *Storefront for Art and Architecture*?

Vito Acconci

The *Storefront* is a project I love and hate at the same time. Because it's 50% a good project. But it's in New York, which makes it a good project for spring and summer and a terrible one for fall and winter, so I think, in some ways, it is an irresponsible project. The idea of opening something

Vito Acconci

Wir begannen mit einem Stück Stahl. Braucht man eine Tür, schneidet man dieses Stück Stahl ein und erhält so den Eingang zur Galerie. Reicht dieses Stück Stahl in die Galerie, lässt es sich spalten und drehen: es kann eine Jalousie für ein Fenster an der Vorderfront werden oder es kann der Schreibtisch für die Sekretärin am Empfang werden.

Lilian Pfaff

Wie *Storefront for Art and Architecture*?

Vito Acconci

Storefront ist ein Projekt, das ich zugleich liebe und hasse. Denn es ist zu 50% ein gutes Projekt. Aber es ist in New York, so dass es ein gutes Projekt für Frühling und Sommer, aber ein schreckliches für Herbst und Winter ist; daher halte ich es in gewisser Weise für ein verantwortungsloses Projekt. Die Idee, etwas zu öffnen, die ich immer noch sehr attraktiv finde, ignoriert die Tatsache, dass es einfach bestimmte Witterungsbedingungen gibt. Es gibt Architektur, weil die Natur

Storefront for Art and Architecture, New York, 1993

up, which I still love, ignores the fact that there is a climate, that there is weather. Architecture exists because nature is possibly dangerous. Again Acconci Studio didn't do it alone; it was a kind of collaboration with Steven Holl—an Acconci Studio/Steven Holl project. Interestingly, we cared more about the weather than Steven did. Steven is used to working as an architect and wanted to work as an artist; I wanted to work as an architect. For us, it was almost our first chance to do real architecture and we let budget get in the way, a very small budget, it was 50,000 dollars, but I don't think budget is ever an excuse. You cannot say, well, I didn't put walls up because we didn't have any money. You have to find a way to put walls up with no money, otherwise you're just doing what I always think artists do: they make-believe versions of their things, they make-believe films, they make-believe architecture; it's all play. Which is, I think, the way my stuff started ...

Lilian Pfaff
To what extent did Frederick Kiesler serve as a model?

gefährlich sein kann. Auch hier machte das Acconci Studio nicht alles alleine: Es war eine Zusammenarbeit mit Steven Holl – ein Acconci Studio/Steven Holl Projekt. Interessanterweise machten wir uns mehr Gedanken um die Witterungsbedingungen als Steven. Er ist ja eigentlich der Architekt und wollte ein Künstler sein; ich wollte Architekt sein. Für uns war es unsere erste Chance, richtige Architektur zu verwirklichen, und wir schoben das Budget, ein sehr geringes Budget von 50.000 Dollar vor, aber das Budget kann wohl nie als Entschuldigung angeführt werden. Man kann nicht einfach sagen, ich habe keine Wände gebaut, weil ich kein Geld dafür hatte. Man muss einen Weg finden, die Wände auch ohne Geld zu errichten, sonst macht man das, was in meinen Augen Künstler immer tun: Scheinversionen ihrer Dinge, Schein-Filme, Schein-Architektur; es ist alles nur ein Spiel. So, glaube ich, haben meine Sachen auch angefangen ...

Lilian Pfaff
Wie stark hast du dich von Frederick Kiesler inspirieren lassen?

Vito Acconci
Kenny dachte durchaus an Kiesler. Ich glaube, ich wusste nicht allzu viel über ihn.

Vito Acconci
Kenny had Kiesler in mind. I don't think, I knew much about him.

Kenny Schachter
Frederick Kiesler designed Peggy Guggenheim's Art of This Century Gallery that opened in 1942. To me, it was a carnivalesque wonderland of inspiration. I think there are many parallels between Kiesler and Vito. Like Vito, Kiesler was a man of varied and eclectic tastes and talents, from architec-

Kenny Schachter
Frederick Kiesler entwarf Peggy Guggenheims Kunstgalerie ‚Art of This Century', die 1942 eröffnet wurde. Für mich war sie eine lustige, wundersame Inspirationsquelle. Ich glaube, es gibt viele Parallelen zwischen Kiesler und Vito. Kiesler war, wie Vito, ein Mann, dessen Geschmacksstile wechselten und eklektisch waren, und er hatte breit gefächerte Talente, die von Architektur und Möbelgestaltung bis hin zu Bühnenbildern und raumgroßen Installationen reichten. Für manche war er ein Dilettant, für andere ein Einzelgänger. Kiesler schrieb über die Philosophie der Ladenfront in den frühen 1930er Jahren; Vito schreibt ausführlich über seine eigenen Arbeiten und entwarf ebenfalls eine Ladenfront. Kieslers Galerieentwurf war fantastisch und ungewöhnlich, wie ein Laufstall, in dem man Kunst erleben kann. Die heutige Welt der Galerien ist statisch, ein hermetisch abgeriegeltes

Frederick Kiesler, Peggy Guggenheim Gallery, New York, 1942

ture and furniture design to stage sets and room-sized art installations. He was a dilettante to some and a maverick to others. Kiesler wrote on the philosophy of the storefront in the early 1930s; Vito has written extensively on his own work and also designed a storefront. Kiesler's gallery design was fantastic and unusual, like a children's playpen within which to experience art. The world of the gallery today is a static, hermetically sealed universe opened mainly to the insiders who participate in and run it. It is a business, first and foremost. I see nothing wrong with the economics of art, in fact, I appreciate the business aspect as the only way to achieve transparency in the machinations of the endeavor, but I just don't believe art is solely reducible to money.

Lilian Pfaff
Why does this gallery interest you in particular?

Kenny Schachter
I was mainly interested in the furniture elements of the Art of This

Universum, das sich fast nur Insidern öffnet, die daran beteiligt sind und es am Leben erhalten. Es ist aber hauptsächlich ein Geschäft. Für mich ist wirtschaftliches Denken in der Kunst nichts Verwerfliches, ich schätze sogar den geschäftlichen Aspekt sehr und sehe darin die einzige Möglichkeit, die Machenschaften des Kunstmarktes transparent werden zu lassen, aber ich glaube einfach nicht, dass sich Kunst ausschließlich auf Geld reduzieren lässt.

Lilian Pfaff
Warum interessiert dich speziell diese Galerie?

Kenny Schachter
Mich interessiert hauptsächlich das Mobiliar der ,Art of This Century'-Galerie, die Wände, alles war geschwungen und hatte unterschiedliche Funktionen. Es gab eine Vorrichtung, bei der man einen Hebel umlegen konnte, und ein kleiner Tisch drehte sich und zeigte Bilder von Paul Klee. Ausgestellte Bilder kragten mit Hilfe von Baseballschlägern aus der Wand, und man stand vor diesen schräg aufgehängten Bildern. Manche Künstler, die in Kieslers Raum ausgestellt wurden,

Office and Exhibition Space Kenny Schachter conTEMPorary, New York

Century Gallery, in the walls that curved and had different functions. There was a device where you could turn a handle and a little table would circle with Paul Klee paintings on it. Paintings were displayed cantilevered off the walls with baseball bats, so they would be viewed on an angle facing downward. Some artists exhibiting in Kiesler's space were unhappy because one of the designs that he initially conceived had lights that would go on and off. So if you were standing in front of a painting, the light would shine on that painting and then it would go off and move to another painting. Galleries in the past had seating, etc.; they looked like somebody's private salon. So either you put work in a space that looks like somebody's living room, or you put it in a space that kind of apes museum spaces, which would afford the art more credibility and legitimacy. But then the notion became loaded. Instead of being just a neutral environment in which to look at art, it turned into an economic manifestation where the reception desks are so high you can't even see over them. It's all about drawing lines of exclusion, and the art world used to function on the basis of that premise. There are certain things

waren nicht glücklich damit, da eine der ersten geplanten Gestaltungen Lichter vorsah, die an und aus gingen. Wenn man also vor einem Bild stand, schien das Licht auf dieses Bild und ging dann plötzlich aus und wanderte zu einem anderen Bild. Galerien hatten früher Sitzgelegenheiten; sie wirkten wie der Salon eines Privathauses. Also stellt man die Arbeiten entweder in einem Raum aus, der wie ein Wohnzimmer aussieht, oder in einem Raum, der in gewisser Weise Museumsräume nachahmt, was der Kunst mehr Glaubwürdigkeit und Legitimität geben würde. Aber dann wurde dieser Gedanke zu überfrachtet. Statt einer neutralen Umgebung, in der man Kunst anschauen kann, wurde daraus eine ökonomische Manifestation mit Empfangstheken, die so hoch sind, dass man nicht einmal darüber schauen kann. All das dient nur dazu, Abgrenzungslinien zu ziehen, und die Welt der Kunst funktionierte die ganze Zeit auf der Basis dieser Vorgaben. Heute passiert einiges, was dies verändert, trotz der Mentalität der Kunstwelt (wie etwa die starke Zunahme von Kunstmessen).

Vito Acconci

Ich glaube, diese Galerien wollten nicht von Anfang an eine strenge Atmosphäre vermitteln. Sie wollten einfach nicht so wirken wie das Haus reicher Leute; das

happening now that are changing this, in spite of the art world's mentality (like the proliferation of fairs).

Vito Acconci
I think these galleries didn't start out wanting to create austerity. They just didn't want the gallery to be modeled on something like a rich person's home; the aim was to have it be a laboratory space in which anything could happen. Maybe it was just a pretense, but it was also the appropriate space where Minimal Art could be exhibited. It was never a neutral space—well, no space can be neutral—but at the beginning, it did offer the possibility of an open space where you weren't restricted by the domestic signs of a collector. Then it became a kind of standard.

Kenny Schachter
They all look the same. It's taken for granted that this is the formula. Now, it's a wealthy collector's white cube space. I wanted to do some kind of knee-jerk reaction away from that. Maybe what we ended up with wasn't

Ziel war eher, einen laborartigen Raum zu schaffen, in dem einfach alles möglich war. Vielleicht ist es auch nur ein Vorwand, aber es war der geeignete Raum, in dem man Minimal Art ausstellen konnte. Es war niemals ein neutraler Raum – Räume können ja nie neutral sein -, aber am Anfang bot er sich als offener Raum an, in dem man nicht durch typische Elemente eines Sammlerhaushalts eingeengt wurde. Danach wurde dieser Raum der Standard.

Kenny Schachter
Sie sehen alle gleich aus. Es gilt als selbstverständlich, dass dies die Gestaltungsformel ist. Heute ist es ein weißer neutraler Raum des reichen Sammlers. Ich wolle mich davon abwenden. Vielleicht ist das, was wir letztlich geschaffen haben, nicht der beste Ort, um dort Kunst auszustellen, aber darum ging es auch nicht. Es ging um dieses Experimentelle.

Lilian Pfaff
Sowohl du als auch Kiesler sprechen über bewegliches Mobiliar. Aber das Mobiliar in Kenny Schachters conTEMPorary Gallery ist absolut starr.

even the best place to display art, but that wasn't the point. It was about this experimental thing.

Lilian Pfaff

Both you and Kiesler talk about movable furniture. But the furniture in the Kenny Schachter conTEMPorary Gallery is totally immobile.

Vito Acconci

We didn't want it to be that heavy; we got ourselves into a kind of bind, I think. There was a limited budget. We knew it was a temporary gallery. So, since we couldn't change the walls, we tried to figure out a way to cover them, to screen them. The material that was open and strong enough to hold something was expanded metal, but it was also a bit clumsy.

Kenny Schachter

For me, it was important to have seating. I've always been interested in reaching new audiences and creating a welcoming environment conducive

Vito Acconci

Es sollte eigentlich nicht so schwer werden; wir haben uns da wohl in etwas verrannt. Wir hatten ein begrenztes Budget. Wir wussten, die Galerie sollte nur eine gewisse Zeit bestehen. Da wir also die Wände nicht ändern konnten, suchten wir nach einer Möglichkeit, sie zu verkleiden, zu verdecken. Das Material, das offen und stabil genug war, um daran etwas zu befestigen, war Streckmetall, aber das war ein wenig plump.

Kenny Schachter

Für mich sind Sitzgelegenheiten sehr wichtig. Ich möchte immer neue Personenkreise erreichen und eine einladende Atmosphäre schaffen, damit man gerne mehr Zeit an diesem Ort verbringt. Auch bei den temporären Ausstellungen, die ich organisierte, sorgte ich immer für Mobiliar. Eines der erfolgreichsten Elemente in Vitos Raum waren die sich formenden Wände. Es gab Wandelemente, die sich zu einer Sitzgelegenheit herunterklappen ließen. Manchmal fielen sie auch von den Wänden (trafen sogar einmal jemanden am Kopf!). Aber sie funktionierten und wurden vom ersten bis zum letzten Tag des Raumes immer

to spending more time at a venue. Also with the temporary exhibitions I curated, I always brought in furniture. One of the most successful elements in Vito's space was that the walls morphed. There were elements of the walls that folded up to create seating. From time to time, they would fall off the wall, fall apart or something (knock someone in the head even!). But they functioned, and were utilized non-stop from the beginning to the end of the space. And they weren't heavy or difficult to manage individually, but at 35,000 pounds of steel for the whole thing, it was a bit more than initially contemplated for a temporary space.

Vito Acconci

They were a little heavier than they should have been and the seats hinge down from the wall. People were always sitting next to each other in a row, almost like at an airport. Maybe that explains why furniture is usually mobile.

Kenny Schachter

But it almost looked like this thing was just implanted in the house. Maybe

genutzt. Und jedes einzelne war nicht schwer oder kompliziert zu handhaben, aber mit fast 16 Tonnen Stahl insgesamt, war es ein bisschen mehr, als anfangs für einen temporären Raum geplant war.

Vito Acconci

Sie waren etwas schwerer, als sie hätten sein sollen, und die Sitze konnten von der Wand heruntergeklappt werden. Die Leute saßen immer nebeneinander in einer Reihe, fast wie auf dem Flughafen. Vielleicht erklärt das, warum Mobiliar in der Regel mobil ist.

Kenny Schachter

Es sah fast so aus, als wären sie einfach in das Haus eingesetzt worden. Vielleicht waren die Theken letztlich etwas zu schwer, aber insgesamt funktionierte alles ganz wunderbar. Mir fällt nichts Negatives ein, und eigentlich ging auch nichts schief, außer der Tatsache, dass dieses gigantische Ding mein Haus niederdrückte und es fast in der Erde versinken ließ – und dann natürlich noch das kleine Problem meines Umzugs nach London (den Hauptinhalt der Galerie – die Eingangstür als

the desks ended up being quite weighty, but altogether I think it functioned in a wonderful way. I can't think of one negative aspect, of one thing that failed other than the fact that I had this gigantic thing weighing down my house and almost making it sink into the earth—and then the slight problem of my having moved to London (the main contents of the gallery—the front door connected to the desk and window shutter and upstairs office were sold at the Phillips design auction in December of 2004).

Cristina Bechtler
There is also a sculptural aspect to the desk.

Vito Acconci
None of us want that. We don't want an artwork. The worst thing anybody can say is, that it is sculptural. When we're working on something and we don't like it, somebody in the studio will say, it's sculptural.

ein Stück verbunden mit der Empfangstheke sowie der Jalousie und das Büro des Oberschosses wurden bei der Phillips Design Auktion im Dezember 2004 verkauft).

Cristina Bechtler
Diese Theke ist fast schon eine Skulptur.

Vito Acconci
Keiner von uns will das. Wir wollen kein Kunstwerk. Das Schlimmste, das jemand darüber sagen kann, ist, dass es eine Skulptur ist. Wenn wir an etwas arbeiten und es uns nicht gefällt, nennt es jemand im Büro eine Skulptur.

Kenny Schachter
Man kann das immer von zwei Seiten aus betrachten. Die eine Seite ist, es ist unvermeidbar. Die andere Seite ist, wenn man im Verlauf eines Bauprojekts eine Form schafft, besitzt diese bestimmte Attribute, ist in gewisser Hinsicht eine Skulptur.

Kenny Schachter

I think there are two sides to this. Number one: It's unavoidable. Number two: When you or anyone with an architectural project creates a form, it has certain attributes, a sculptural aspect.

Vito Acconci

But every millimeter of that form should be able to be used.

Kenny Schachter

But you're kind of jaded, we know your reactionary position with regard to art. I remember this young artist, when I first talked to her—she was a young kid at Columbia, just graduating, a painter—about doing an exhibition, she was so excited at the prospect of working in your space, but when push came to shove, she recoiled from the thought of presenting her work in this context.

Vito Acconci

Aber jeder Millimeter dieser Form sollte benutzbar sein.

Kenny Schachter

Du siehst das ein wenig zu einseitig, wir kennen deine reaktionäre Haltung zur Kunst. Ich erinnere mich an diese junge Künstlerin, als ich das erste Mal mit ihr – sie war noch ganz jung, machte gerade ihren Abschluss als Malerin an der Columbia Universität – über das Ausrichten einer Ausstellung sprach, war sie sehr begeistert davon, bald in deinem Raum arbeiten zu dürfen, aber als es dann ernst wurde, schreckte sie doch davor zurück, ihre Arbeiten in diesem Umfeld zu zeigen.

Vito Acconci

Es gab in der Regel zwei Bemerkungen zu diesem Raum. Manche sagten, der Raum schluckt alles, was darin ist. Und andere meinten, er würde sich besser für musikalische Auftritte eignen – was mich noch mehr erstaunte. Ich suche immer noch Antworten darauf. Wie kann ein Raum alles an sich ziehen, ich hoffe er tut es nicht.

Vito Acconci

There were two comments people tended to make. Some said that the space would overwhelm anything that was in it. And others thought the space would work better for music performances—which struck me even more. I keep asking myself about this. About the space taking over, I hope it doesn't.

Kenny Schachter

I disagree totally. I lived in that space everyday; for three years I presented exhibitions and many performative or music events with people like Kim Gordon and Thurston Moore of Sonic Youth. To me, it was thrilling to see different types of work unfold in the Acconci interior. There was one artist in particular, a Japanese woman, Misaki Kawai. She made an installation of all these elements suspended from the ceiling, and then her idea was to tape fabric clouds onto the wall, but since the tape wouldn't take to the steel, she attached the clouds individually through the mesh with thread. To me, that was such a beautiful progression, such a beautiful example of

Kenny Schachter

Da bin ich ganz anderer Meinung. Ich habe mich in diesem Raum täglich aufge-halten; drei Jahre lang organisierte ich darin Ausstellungen und viele Performan-ces und musikalische Events mit Leuten wie Kim Gordon und Thurston Moore von Sonic Youth. Ich fand es immer sehr aufregend, wie sich unterschiedliche Arbeiten in dem Acconci-Raum entwickelten. Da war besonders diese eine japa-nische Künstlerin, Misaki Kawai. Sie machte eine Installation, bei der lauter Dinge von der Decke hingen, und dann kam sie auf die Idee, Wolken aus Stoff an die Wände zu kleben, aber da das Klebeband nicht an dem Stahl hielt, befestigte sie die Wolken einzeln mit Draht an den Maschen des Metalls. Für mich war das eine wunderbare Erweiterung, ein großartiges Beispiel für das Geben und Neh-men, wenn man in dem Raum arbeitete. Es war letztlich die perfekte Beziehung zwischen Kunst, Künstler und Raum.

Vito Acconci

Ich hoffte, dass wir durch die Verwendung von ganz normalem Baumaterial einen Ort mit Fabrikatmosphäre schaffen könnten.

the give and take involved in working in the space. It was, in essence, the perfect relationship between art, artist and space.

Vito Acconci

I hoped that if we used really conventional industrial materials, the place would have a kind of factory feel.

Lilian Pfaff

When you worked as an artist, would you have been disturbed by this kind of space that you've made?

Vito Acconci

Probably not. Because I've always liked to figure out the quirks of a space, and this space had so many quirks. I was the kind of artist who didn't have something I wanted to show. I never had a piece in mind until I saw the space. The space would always engender the piece. But that's only one approach to art within a whole field or a whole network of different kinds

Lilian Pfaff

Als du als Künstler gearbeitet hast, hätte dich ein Raum, wie der, den du geschaffen hast, verwirrt?

Vito Acconci

Möglicherweise nicht. Denn ich habe schon immer gern die Eigenheiten eines Raums gesucht, und dieser Raum hatte sehr viele Eigenheiten. Ich war nicht so ein Künstler, der etwas hatte, das er zeigen wollte. Ich stellte mir nie ein Objekt vor, bevor ich nicht den Raum dafür gesehen hatte. Der Raum erzeugte immer das Objekt. Aber das ist nur ein Weg, sich innerhalb des gesamten Felds beziehungsweise eines ganzen Netzwerks von unterschiedlichen Kunstrichtungen Kunst zu nähern. Jemand wie ich wäre vielleicht der perfekte Künstler für den Raum gewesen, aber ich bin sicherlich nicht der einzige.

Kenny Schachter

Manche Leute nutzten tatsächlich die Möglichkeit. Wie die abstrakte Malerin Mary Heilmann. Sie war begeistert, in diesem Ding zu arbeiten. Es kann die Menschen

of art. Someone like me would probably have been perfect for the space, but I'm not the only example.

Kenny Schachter

Some people really rose to the occasion. Like the abstract painter Mary Heilmann. She was thrilled to work in that thing. It can inspire people. A gallery is not the ultimate resting space for art, so why not do something that's more adventurous.

Vito Acconci

But you've even said that you sometimes wished the space had more white walls. I can understand that. If we were doing the gallery again, we would think of at least the possibility of white walls, though they might not inevitably and always be there.

Lilian Pfaff

It's curious that, after you turned your back on museums as an artist,

inspirieren. Eine Galerie ist nicht der endgültige Standort für Kunst, warum wagt man dann nicht einfach etwas mehr.

Vito Acconci

Aber du hast sogar auch gesagt, du wünschtest dir manchmal Räume mit mehr weißen Wänden. Ich kann das verstehen. Würden wir die Galerie nochmals bauen, würde ich zumindest weiße Wände in Erwägung ziehen, wobei sie dann nicht unbedingt und immer da sein müssten.

Lilian Pfaff

Es ist seltsam, dass du, nachdem du dich als Künstler bewusst von den Museen abgewendet hast, nun wieder mit Museen und Ausstellungen zu tun hast. Ist das die Rückkehr in den Ausstellungsraum?

Vito Acconci

Nein, auf keinen Fall. Vielleicht der Entwurf eines Museums, aber nicht in einem Museum ausstellen. Wir wollten Räume für viele unterschiedliche Funktionen

you're now involved with museums and exhibitions again. Is this a return
to the exhibition space?

Vito Acconci

No, it isn't. Well, maybe to design a museum, but not to be in one. We
were interested in designing spaces for many different functions; we were
not particularly drawn to an art space. But these are people we know and
have contacts with; they are the only people who would ask us to design
spaces.

Kenny Schachter

That's how we met. I was courting Vito; I'd been wanting to present his
work for ages. I read all the writings and thought this was very significant
work. I was always a fan and made attempts to get in touch, but he never
returned a fax or phone call or anything. When I read that Vito was doing
architectural projects and was hankering to do anything at that point,

entwerfen; wir fühlten uns nicht besonders zu einem Raum für Kunst hingezo-
gen. Aber diese Menschen kennen wir, und wir haben Kontakte zu ihnen; sie sind
die einzigen, die uns um den Entwurf von Räumen bitten.

Kenny Schachter

So haben wir uns getroffen. Ich habe Vito umworben, ich wollte schon seit Jahren seine Arbeiten ausstellen. Ich habe alles, was er geschrieben hat, gelesen
und hielt dies für ein sehr bedeutendes Werk. Ich war schon immer ein Fan von
ihm und versuchte, mit ihm in Kontakt zu kommen, aber er hat nie auf ein Fax
geantwortet, nie am Telefon mit mir gesprochen oder sonstwie reagiert. Als ich
nun las, dass Vito Architekturprojekte macht und dringend nach einem Auftrag in
dieser Richtung sucht, und sei es nur ein Badezimmer, nahm ich Kontakt auf und
schon am nächsten Tag begannen wir, unsere Beziehung zueinander aufzubauen.

Vito Acconci

Vielleicht erhielten das Büro und ich dadurch eine Chance, eine Möglichkeit, eine
Plattform, ein Schaufenster für Kunst zu schaffen, die eher der Straße einer Stadt

even a bathroom, I contacted him and the next day, we started forging our relationship together.

Vito Acconci

Maybe it did give the studio and me a chance to find a way to make a platform, a showcase for art more like a city street, less like the conventional gallery or museum: different kinds of spaces, open spaces, closed spaces, different kinds of occasions to gravitate to. That's still a project that's very close to me!

Cristina Bechtler

What territories do you share?

Kenny Schachter

The correlation between my practice and that of Vito and his studio is that I was never comfortable with the black-and-white, pre-defined roles of the art world. Also, I am perfectly in agreement with Vito on the blur-

als einer konventionellen Galerie oder einem Museum ähnelt: unterschiedliche Arten von Raum, offene Räume, geschlossene Räume, unterschiedliche Arten von Gegebenheiten, von denen man sich angezogen fühlt. Das ist immer noch ein Projekt, das sehr viel mit mir zu tun hat!

Cristina Bechtler

Wo liegen eure Gemeinsamkeiten?

Kenny Schachter

Die Übereinstimmung zwischen meiner Einstellung und der von Vito und seinem Büro liegt darin, dass es für mich kein Schwarz-Weiß-Denken, keine vordefinierten Rollen in der Kunstwelt gibt. Ich wandle mich auch beständig und ändere mein Handeln und mein Vorgehen. Darüber hinaus stimme ich Vito absolut zu, dass Unterschiede aufgehoben werden sollen: Warum sollen die Grenzen zwischen innen und außen, zwischen öffentlich und privat nicht verschleiert werden. Die Art und Weise, wie das Büro arbeitet und wie wir zusammenarbeiten, ist geprägt von einem Geben und Nehmen, einem Vor und Zurück, es ist ein bestän-

ring of distinctions: why not cloud the idea of what is inside versus outside, public versus private.

The way the studio works, and the way we have worked together, is to establish a give and take, back and forth, an ongoing dialogue where things are discussed, sometimes argumentatively, then acted upon. And often times, because of Vito's position with regard to his abandoning doing art, I almost sense a kind of not antagonism per se, but some ambivalence about the art world. It's been years since he totally left that world altogether. So it's a funny thing because, when I first approached the studio, it was with something completely different from the temporary exhibition space in New York. The idea was to build a big gallery, a more ambitious enterprise in a very public space in New York, and there is a certain inherent problem (or humor!) in something like that, i.e. working with someone who has a caginess about art to design a venue specifically geared to showcase it.

diger Dialog, in dem die Dinge manchmal auch sehr heftig ausdiskutiert werden, und dann wird danach gehandelt. Und manchmal spüre ich aufgrund von Vitos Situation, nachdem er das Kunstschaffen aufgegeben hat, nicht so sehr eine Art Antagonismus per se, sondern eine gewisse ambivalente Haltung gegenüber der Kunstwelt. Es ist schon einige Jahre her, seit er diese Welt ganz verlassen hat. Es war komisch, denn als ich das erste Mal auf das Büro zuging, ging es um etwas ganz anderes als um einen temporären Ausstellungsraum in New York. Es war die Idee, eine große Galerie zu bauen, ein ziemlich ehrgeiziges Unternehmen in einem sehr öffentlichen Raum in New York, und ein solches Projekt ist aus sich heraus schon problematisch (beziehungsweise kurios), denn ich wollte von jemandem, der große Vorbehalte gegenüber Kunst hat, ein Objekt entwerfen lassen, in dem genau diese Kunst präsentiert werden sollte.

Lilian Pfaff
Das erinnert mich an deine Arbeiten für das MAK in Wien, als du den Ausstellungsraum auf den Kopf gestellt und das Museum zerstört hast. War das das Ende deiner Künstlerkarriere und der Beginn von Architektur?

Lilian Pfaff

That reminds me of your work at MAK in Vienna when you turned the exhibition space upside down and destroyed the museum. Was that the end of your art career and the beginning of the architecture?

Vito Acconci

It was probably the starting point. Maybe an end point and a starting point at the same time. But there we weren't doing a museum renovation, we were doing a piece in a museum. MAK had been closed for two years for renovation, so we did a kind of re-renovation. I think we had Peter Noever, the director, in mind, when we did that piece at MAK. Peter likes to think of himself as a kind of bad boy in Vienna. So we did exactly what Peter Noever would have done: we opened the museum by turning it inside out and upside down.

Lilian Pfaff

How does that relate to the museum shop, which you also designed for MAK?

Vito Acconci

Das war möglicherweise der Ausgangspunkt. Vielleicht ein Ende und ein Anfang zugleich. Aber hier ging es nicht um die Renovierung eines Museums, wir machten eine Arbeit in einem Museum. Das MAK war zwei Jahre lang wegen Renovierungsarbeiten geschlossen, also machten wir eine Art Re-Renovierung. Ich glaube, wir dachten an Peter Noever, den Direktor, als wir diese Arbeit für das MAK machten. Peter hält sich gerne für das Enfant terrible in Wien. Also machten wir genau das, was Peter Noever getan hätte: Wir öffneten das Museum, indem wir das Innere nach außen und das Obere nach unten kehrten.

Lilian Pfaff

Wie passt das zu dem Museumsshop, den du ebenfalls für das MAK entworfen hast?

Vito Acconci

Ausgangspunkt für uns war die Tatsache, dass es in dem Laden zwei Arten von Produkten gibt. Man sagte uns, dass ein Teil der Produkte sehr billig sei, und man sollte sie leicht anfassen können. Andere sollten sehr teuer sein und nicht

MAK Central Exhibition Hall, Vienna, 1993

MAK Design Shop, Vienna, 2001

Vito Acconci

Our starting point was the fact that there would be two kinds of products in the store. They told us that some of the products would be very cheap, so people could easily touch them. But others would be very expensive and could not be touched, which made us think in terms of desire.

Kenny Schachter

At the Guggenheim in Soho you used to have to enter the shop before you even got into the museum. It is social engineering where there is a manipulation going on, an agenda: let's get them in to buy before their minds are unnecessarily cluttered and muddled (and attention spans shortened) by having to look at all the art. But back to the initial concept of desire where, more often than not, you can't always get what you want.

Vito Acconci

Yes, since you can't always have what you want, we made this store of rings at MAK. Every other ring is made of perforated metal shelves where

berührt werden, was uns auf die Idee brachte, über Wünsche und Begierden nachzudenken.

Kenny Schachter

Im Guggenheim Museum in Soho musste man sogar erst durch den Laden gehen, bevor man in das Museum gelangte. Das ist eine Steuerung des Sozialverhaltens, eine einzige Manipulation mit dem erklärten Ziel: Die sollen erst einmal etwas kaufen, bevor ihr Kopf vom Betrachten all dieser Kunst unnötig vollgestopft und irr gemacht ist (und die Aufmerksamkeitsspannen verkürzt werden). Aber zurück zu dem ursprünglichen Konzept von Wunsch und Begierde, man bekommt ja nur selten das, was man will.

Vito Acconci

Ja, da man nicht immer das bekommt, was man will, entwickelten wir diesen Ringladen für das MAK. Jeder zweite Ring besteht aus Lochblechregalen, aus denen man etwas aus den Auslagen einfach herausnehmen kann. Die Ringe dazwischen sind Glasvitrinen und drehen sich ständig, so dass man vielleicht

you can just take things. The alternating rings are enclosed in glass and are constantly rotating so that you might see something you want to your left, but then it goes above your head, or it goes away for a while under your feet, or maybe it comes back. Wherever you are, even when you are at the counter, there are more products coming around you. Two of the rings go outside, through the window, so you don't need a sign for the store: because they move outside, the products themselves become a sign. I like the project. It hasn't even been built yet, so I don't know if it's going to happen. But it probably will happen because Peter Noever wants to do it. The problem is that we designed it so long ago that if we do do it, we'll probably have a different idea.

Kenny Schachter

That ties in to some of the stuff that we've been working on for art fairs, creating a structure within which to view art that is more transparent than conventional walls, where the works can be viewed front and back.

etwas, das einem gefällt, links von sich sieht, dann bewegt es sich aber nach oben oder verschwindet nach unten, und vielleicht kommt es auch wieder zurück. Egal wo man steht, sogar an der Theke, erscheinen um einen herum immer neue Produkte. Zwei der Ringe drehen sich durch Fenster auch nach außen, somit braucht man auch kein Schild für den Laden: Denn indem sich die Produkte nach außen wenden, werden sie selbst zum Hinweisschild. Ich mag dieses Projekt. Es wurde bislang noch nicht realisiert, und ich weiß auch nicht, ob es das je wird. Aber vielleicht kommt es dazu, weil Peter Noever es will. Das Problem ist, wir haben es vor so langer Zeit entworfen, und wenn wir es jetzt realisieren, kommt uns vielleicht eine ganz andere Idee.

Kenny Schachter

Da gibt es eine Verbindung zu den Sachen, die wir für Kunstmessen erarbeitet haben. Wir schufen eine Konstruktion, innerhalb derer Kunst betrachtet wird, die aber transparenter ist als konventionelle Wände und bei der die Arbeiten von vorne und hinten betrachtet werden können. Manchmal ist die Rückseite eines

Sometimes the back of a painting where a history is recorded is as interesting as the front.

Lilian Pfaff
What did the booths look like and were they all the same?

Kenny Schachter
When you go to an art fair, it takes away all the particularities and nuances of an exhibition, including the architecture within which a show is presented, but it's instant gratification. All the booths are uniform, when you walk down the aisles, you get a quick blast of what each gallery has on offer. It's like a bazaar where people lay out their blankets on the street to flog things, and attention spans are limited, so you need to see things that make an impact fast. Being there for ten or twelve hours a day for five days myself manning the booth, I tried to make the experience more interesting by asking: what can you do to unsettle the context, this generic booth that you are given?

Gemäldes, auf der eine Geschichte sichtbar wird, ebenso interessant wie die Vorderseite.

Lilian Pfaff
Wie sahen die Messestände aus und waren sie alle gleich?

Kenny Schachter
Auf einer Kunstmesse gibt es nicht die Besonderheiten und Feinheiten einer Ausstellung, auch nicht die Architektur, innerhalb derer eine Ausstellung präsentiert wird, es gibt vielmehr Kunstgenuss sofort. Da ist die Uniformität der Stände, wenn man die Gänge entlangläuft; auf einen Blick sieht man, was jede Galerie anzubieten hat. Es ist wie auf einem Bazar, bei dem die Händler ihre Waren auf ausgebreiteten Decken feilbieten, und die Aufmerksamkeitsspanne ist begrenzt, also muss man Dinge sehen, die schnell einen Eindruck hinterlassen. Nachdem ich selbst fünf Tage lang zehn bis zwölf Stunden pro Tag am Stand arbeitete, versuchte ich, das Seherlebnis der Besucher interessanter werden zu lassen, indem

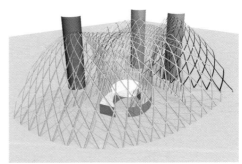

Booth Kenny Schachter, The Armory Show, New York, 2004

Booth Kenny Schachter, The Armoy Show, New York, 2003

Booth Kenny Schachter, Art Basel Miami Beach, Miami 2004

Vito Acconci

One thing we knew, the first time we did an art fair booth for Kenny, was that it is important for him to have some kind of office-like space, some kind of space where you can say: this is a gallery, an art store, where people are going to talk to you and you have to make sales quickly because it's just going to be there for three days. We thought why not make the gallery dealer the central part of the gallery. So we started with Kenny's desk in the middle and it was a kind of circle, a circular seat so that Kenny could be on one side of the table, a client could be on the other side of the table. The back of the chairs were these rods that come up, go over and down onto the wall, so they make a kind of ceiling. And we tried to make the ceiling like a kind of arch. But the arch shifts a little bit to the side, and then it goes to the center. I don't know if anybody even noticed that, but it meant that you were in a kind of space that is moving.

Kenny Schachter

Basically the metal pipes were connected to the top of the existing fair

ich mich fragte: Was kann man tun, um Unruhe in diesen vorgegebenen Kontext, jenen vorgegebenen, immer gleichen Stand zu bringen?

Vito Acconci

Eines war uns klar, als wir zum ersten Mal einen Messestand für Kenny entwickelten, ihm ist ein büroartiger Raum wichtig, ein Raum, der vermittelt: Dies ist eine Galerie, ein Kunstladen, in dem die Menschen mit dir sprechen und in dem man sich beim Kauf schnell entscheiden muss, da er nur drei Tage lang da ist. Wir dachten uns, den Galeristen zum zentralen Punkt der Galerie zu machen. Also stellten wir Kennys Tisch, eine Art Kreis mit rundem Stuhl, in die Mitte, so dass Kenny auf einer Seite des Tisches sitzen konnte und der Kunde auf der anderen Seite. Die Lehne der Stühle bestand aus jenen Stäben, die nach oben und quer hinüber gingen und an den Wänden wieder herunterkamen, so dass sie eine Art Decke bildeten. Und dann versuchten wir, die Decke wie einen Bogen zu formen. Aber dieser Bogen ist leicht zur Seite verschoben, und geht erst dann zur Mitte. Ich weiß nicht, ob jemand das je bemerkt hat, aber es bedeutete, dass man in einem Raum war, der sich bewegt.

walls. These poles were installed at the top of the wall, then swooped down and curled in on themselves, like a kind of implosion. The structure was covered in this fabric that they use to wrap around scaffolds. In the center of it all, there was a little pod formed by all the poles that supported the fabric and formed an enclosure. The office was just where the poles curled in. But, like Vito said, the import of these fairs is to make a quick relationship with someone and consummate a sale. But in this case I was stuck in the middle, hidden, and then the door was only about three feet wide; so, there was this indescribable fabric thing and I was enclosed in this cocoon in the core: was it sculpture, was it art, was there someone stuck inside there? Once again I succeeded in presenting a perfectly muddled picture. People would pass by. The shape and the form was something to marvel at, it was this absolutely beautiful structure. I am marginalized enough in the art world as it is, but in this case I further alienated myself being sort of stuck in this little envelope. People would come by and simply walk right past without so much as casting a glance beyond the skin of my little habitat!

Kenny Schachter

Zunächst einmal waren die Metallrohre mit der Oberkante der Wände des Messestandes verbunden. Diese Rohre wurden oben an der Wand befestigt, fielen nach unten und verdrehten sich ineinander, wie eine Art Implosion. Die Konstruktion wurde mit diesem Material abgedeckt, mit dem man heute Gerüste einhüllt. Im Zentrum bildeten all diese Rohre und das Gewebe eine Hülle. Das Büro war einfach an der Stelle, an der sich die Rohre ineinander drehten. Aber, wie Vito schon sagte, bei diesen Messen ist es wichtig, schnell eine Beziehung mit jemandem aufzubauen und schnell einen Handel abzuschließen. In diesem Fall jedoch steckte ich in der Mitte fest, war versteckt und die Tür war auch nur knapp einen Meter breit; und dann war da auch noch dieses eigenartige Gewebe, das mich einschloss wie in einem Kokon: War es eine Skulptur, war das Kunst, ist da jemand drin eingeschlossen? Wieder einmal gelang es mir, ein perfekt verwirrendes Bild zu präsentieren. Die Leute gingen vorbei. Man staunte über die Form und Gestalt, es war diese absolut schöne Konstruktion. Ich stehe am Rand der momentanen Kunstwelt, aber in diesem Fall entfremdete ich mich selbst noch weiter davon, indem ich in dieser kleinen Hülle feststeckte. Leute gingen vorbei und liefen einfach weiter, ohne einen Blick hinter die Hülle meiner kleinen Behausung zu werfen!

Vito Acconci

The next time we did it, Kenny made us open the space as much as possible. Once we had these crossing fiberglass rods you could immediately see through. It was also a reaction against the background of expanded metal in the Charles Street space.

Kenny Schachter

We tried out a variation that was completely different, but came up short the first time we tried it in Art Basel Miami Beach. In the instance with the Armory, the form sort of gracefully collapsed on itself from the top of the walls, and in the second case (Art Basel Miami Beach, 2003) the thing violently caved in a non-metaphorical way, nearly taking the whole of the fair down in the process: it collapsed during installation practically killing two people and almost knocking down a row of walls like dominoes.

Vito Acconci

Beim nächsten Mal wollte Kenny, dass wir den Raum so weit wie möglich öffneten. Einmal hatten wir diese sich kreuzenden Glasfaserstäbe, durch die man durchsehen konnte. Dies war auch eine Gegenreaktion auf das Streckmetall im Galerieraum in der Charles Street.

Kenny Schachter

Wir probierten eine Variante aus, die ganz anders war, aber der erste Versuch auf der Art Basel Miami Beach war noch nicht ausgereift. Bei der Armory Art Fair dann fiel das Ganze anmutig von den Wänden in sich zusammen und beim zweiten Anlauf (Art Basel Miami Beach, 2003) stürzte es ganz einfach krachend zusammen und riss fast die gesamte Messe mit sich: Es brach beim Aufbau herunter und tötete fast zwei Menschen und riss beinahe eine gesamte Wandreihe in einem Dominoeffekt mit sich.

Lilian Pfaff

Und du arbeitest immer noch mit Vito zusammen?

Lilian Pfaff

And you're still working together?

Kenny Schachter

Vito is always challenging himself to do new projects. When you do something outside of your own safe area of expertise, like starting an architecture studio, you are inherently putting yourself at risk: at risk to embarrass yourself, at risk to humiliate yourself in front of your peers, at risk to the public by building a potentially faulty structure. But really, that is the only way to succeed and do exciting things in life, making advances just by pushing into areas where there is no level of security or comfortableness, no safety net. When you set yourself up for accidents: that's when innovations are born.

Lilian Pfaff

How did it go when you did your next, and so far last, booth for the Armory Art Fair 2004 ?

Kenny Schachter

Vito stellt sich immer gerne neuen Projekten. Wenn man etwas außerhalb seines eigenen, sicheren Wissensbereichs macht, wie etwa der Aufbau eines Architektur-büros, bedeutet das unweigerlich ein persönliches Risiko: Man läuft Gefahr, dass es für einen selbst peinlich wird, dass man sich vor seinen Freunden blamiert und dass man eine Gefahr für die Öffentlichkeit wird, da man vielleicht etwas Falsches baut. Aber letztlich ist das der einzige Weg zum Erfolg und zum Erleben aufregender Dinge, man macht nur Fortschritte, indem man in Bereiche vorstößt, in denen es keine Sicherheiten oder kein Anspruchsdenken gibt, ein Leben ohne Sicherheits-netz. Erst wenn man die Zufälle des Lebens für sich zulässt, entsteht Innovation.

Lilian Pfaff

Wie lief es, als du deinen nächsten und bislang letzten Messestand für die Armory Art Fair 2004 geplant hast?

Kenny Schachter

Wir fingen wieder ganz von vorne an. Die Grundform übernahmen wir in gewisser Weise vom ersten Stand, aber sie veränderte sich. Die Rohre waren aus Kunst-

Kenny Schachter

We tried again from scratch. The basic form was taken, in some respects, from the first booth but it changed. The poles were made out of plastic, very thin PVC, almost like tent poles. And again there was a desk that provided the support for the overall structure, which resembled a series of webs. The tent poles came out from the desk and seating element and arched over them, fanning into the shape of an igloo. There were two of these overlapping igloo forms, which served as hanging devices for the art. So there were just these really thin plastic poles crisscrossing and that created a kind of armature. It was wonderful because there was no separation between the inside and the outside: it was sculptural, it was architectural, it was incredibly useful, and it was functional. And you hung paintings on the outside of this apparatus, on the inside as well, and when you walked by or around it, you could see all aspects of a particular work. We hung things on the actual booth walls, and on the device. The desk was wedged in the corner, there were two seating elements, there were some different layers of shelving, and

stoff, sehr dünnes PVC, fast wie Zeltstangen. Und wieder gab es einen Tisch, der die Stütze für die gesamte Konstruktion wurde, die einer Reihe von Netzen glich. Die Zeltstangen wuchsen aus dem Tisch und dem Sitzelement und liefen in einem Bogen darüber und fächerten sich zu einer Igluform auf. Es gab zwei dieser sich überlappenden Igluformen, an die man die Kunst hängen konnte. So gab es nur diese sich kreuzenden, sehr dünnen Kunststoffstäbe, und das wurde fast zu einer Art Rüstung. Es war wunderbar, da es keine Trennung zwischen innen und außen gab: Es war eine Plastik und es war Architektur, es war unglaublich praktisch und funktional. Man konnte Bilder auf die Außenseite dieses Aufbaus hängen, aber auch auf die Innenseite, und wenn man daran vorbei oder darum herum lief, konnte man alle Details einer speziellen Arbeit betrachten. Wir hängten die Exponate an die eigentlichen Wände des Messestandes und an diesen Aufbau. Der Tisch stand keilförmig in der Ecke, es gab zwei Sitzelemente, es gab verschiedene Regallagen und die Stäbe waren alle eingelassen; alles war eine Form.

Vito Acconci

Beim ersten Messestand, den wir beschrieben haben, stand der Tisch in der Mitte, was uns – uns – damit meine ich das Büro – und auch Kenny störte, da wir

then the poles were all inserted; everything was of one form.

Vito Acconci
With the first one we described where the desk was in the middle, one thing that bothered us—I mean 'us' the studio—and Kenny too, is that we seem to have made a kind of corridor: A corridor for art. A corridor takes you in a specific direction, it's too closed. So here when we started, we still thought a desk was important, but we started in a corner. And that had a lot to do with what Kenny was saying about having different sized booths for different shows and maybe having something that could be adaptable. So we tried to make this system that could vary in size; it's not as adaptable as we would like but I think it does work.

Cristina Bechtler
It makes you the center even though you're sitting in the corner because of this radiation of the poles …

eine Art Gang geschaffen haben: einen Kunstgang. Ein Gang führt dich in eine spezielle Richtung, ist zu geschlossen. Als wir nun hiermit begannen, waren wir immer noch überzeugt, dass der Tisch wichtig war, aber wir begannen in einer Ecke. Und das kam aufgrund von Kennys wichtigem Hinweis, dass die Messestände bei den unterschiedlichen Messen verschieden groß sind und man vielleicht etwas bräuchte, das an jede Größe angepasst werden könne. Also versuchten wir ein System zu entwickeln, dessen Größe variabel war; es ist zwar nicht so variabel, wie wir es gerne gehabt hätten, aber es funktioniert.

Cristina Bechtler
Man ist im Zentrum, obwohl man in der Ecke sitzt, wegen dieser Rotation der Stäbe ...

Kenny Schachter
Ja, man war in gewisser Weise versteckt, konnte aber doch alles sehen und mitbekommen. Obwohl ich in der Ecke saß, war es wunderbar, da es die Aufmerksamkeit der Leute anzog. In der Vorgängerversion gab es einen Eingang und

Kenny Schachter

Yes, you were sort of hidden, but you could see everything and feel everything. Though I was tucked away in the corner, it was great because it caught people's eye. But in the previous version there was an entrance and the veil of fabric, which created more of a separation than I was happy with and more than I think generally happens in the work of the studio. It is hard enough to get people's attention, but being only a little three-foot corridor, it gave people an easy way to just dismiss you (and they did). In the second version, when you looked you saw through, there was total transparency. Such intelligibility can either draw you in or you just keep moving along, but at least there was no mystery, you didn't really have to make a concerted effort to find out what was happening, if anything!

And in 2004 we were asked by Art Basel Miami Beach to come up with a totally new concept together, which was to create some kind of a tunnel that would utilize a space that had never been used before to exhibit art. We thought maybe we would use the previous form from the Armory,

einen Stoffschleier, der mehr Trennung verursachte, als ich haben wollte und als üblicherweise bei den Arbeiten von Acconci Studio entsteht. Es ist schon sehr schwer, die Aufmerksamkeit der Leute zu erheischen, aber wenn man nur einen kleinen knapp einen Meter breiten Gang hat, macht man es den Leuten leicht, einen auszulassen (und das taten sie auch). Bei der zweiten Version gab es totale Transparenz, wer schaute, konnte durchsehen. Diese Einsehbarkeit kann Leute hereinziehen oder vorbeigehen lassen, aber zumindest war da nichts Seltsames, man musste keine große Anstrengung unternehmen, um herauszufinden, was dort – wenn überhaupt – vor sich ging!

2004 wurden wir von der Art Basel Miami Beach gebeten, ein vollkommen neues Konzept zu entwickeln, es sollte eine Art Tunnel geschaffen werden, so dass ein Raum entstünde, der noch nie zuvor zur Ausstellung von Kunst verwendet worden war. Wir dachten, wir könnten vielleicht die frühere Gestaltung von der Armory Kunstmesse verwenden, überarbeiteten sie und formten sie so aus, dass sie in den speziellen, uns angebotenen Raum passte, und mit der Zeit hatte sie sich zu etwas ganz Eigenem gewandelt. Diese letzte Manifestation unserer Messestand-projekte war die bislang komplexeste Form, eine Serie aus drei miteinander ver-

but reconstitute it again and work on it more to make it fit into the unique space offered until it morphed into something totally unique. For this last incarnation of our booth projects the result was the most complex form to date, a series of three interlocking igloo shapes in a novel configuration with a totally new desk, shelves and seating structure. The only problem was that Vito envisioned the final element of the structure fanning out in such a manner as to block nearly 85% of the passageway from one side of the fair to the other. Word quickly spread among the dealers during installation that I was doing something to intentionally disrupt the functioning of the event, while in reality I was on the phone to Vito pleading with the studio to open the aperture more so as not to disrupt ingress or egress. That self-sabotaging I am not. However, the following year I was informed that I would not be invited back for 2005 and that Acconci's design was not what Basel Miami envisioned it would be prior to its implementation.

bundener Igluformen in einer neuartigen Zusammenstellung mit vollkommen neuem Tisch, neuen Regalen und Sitzmöglichkeiten. Das einzige Problem war, dass Vito eigentlich vorhatte, das Abschlusselement der Konstruktion so weit auskragen zu lassen, dass es fast 85% des Durchgangs von einer Seite der Messe auf die andere blockiert hätte. Es verbreitete sich schnell das Gerücht, ich wollte bewusst den Ablauf der Messe stören, während ich in Wahrheit mit Vito telefonierte und das Büro inständig bat, den Durchgang so weit zu öffnen, damit das Kommen und Gehen nicht gestört wurde. Ich bin nicht so selbstzerstörerisch veranlagt. Aber im Jahr darauf wurde mir mitgeteilt, dass sie mich nicht mehr für die Messe 2005 einladen würden und Acconics Gestaltung nicht das war, was Basel Miami sich vor dem Aufbau darunter vorgestellt hatte.

Lilian Pfaff
Vito, du verwirrst gerne den Betrachter und schaffst Dinge, die man nicht erwartet?

Vito Acconci
Das ist eine Art Nebenprodukt. Ich möchte den Betrachter nicht verwirren. Unser Ziel ist es, den Menschen eine Gelegenheit zu geben, etwas zu finden. Auf großen

Lilian Pfaff

But you like to disturb the viewer and create things one doesn't expect.

Vito Acconci

That's a kind of by-product. I do not wish to disturb the viewer. Our aim is to give people the chance to find something. In plazas, for example, there are benches to sit on, but some people choose to sit on the steps: that's a kind of rebellion. The bench tells me to sit down, but I'm going to sit somewhere else. I guess I would love to instill that spirit in the viewer, the impetus to find something instead of being confined to an assumed way of doing something.

What I liked about the booth for Art Basel Miami Beach 2004 was its indeterminacy. It only grounded itself by having weights at the end of the fiber glass rods. If you wanted to extend it, you just removed the weights. The strange by-product of all those fairs was that you were always the center, the starting point. I wonder whether, in the back of our minds, we were saying that all this depends on the gallery dealer any-

Plätzen zum Beispiel gibt es Bänke, aber die Menschen sitzen lieber auf den Stufen: Das ist eine Art Rebellion. Die Bank schreibt mir vor, mich hinzusetzen, aber ich setze mich woanders hin. Ich würde liebend gerne diese Haltung bei den Betrachtern wachrufen, den Drang, etwas zu finden, statt sich auf das zu beschränken, was der vorgegebene Weg ist.

Was mir an dem Stand für die Art Basel Miami Beach 2004 so gefiel, war dessen Unbestimmtheit. Der Aufbau war nur mit Gewichten am Ende der Glasfaserstäbe verankert. Wenn man das Ganze erweitern wollte, musste man nur die Gewichte wegstellen. Das seltsame Nebenprodukt all dieser Messen war die Situation, dass man selbst immer im Mittelpunkt stand, der Ausgangspunkt war. Ich frage mich, ob wir uns nicht tief im Inneren sagen, dies alles hängt sowieso nur von dem Galeristen ab. Das hat nichts mit Kunst zu tun; es geht nur um das Zusammentreffen von Galerist und Kunde.

Lilian Pfaff

Waren die Kunden überhaupt in der Lage, ein Bild zu sehen?

way. It has nothing to do with art; it has to do with the gallery dealer meeting the client.

Lilian Pfaff
Were clients even able to see any pictures?

Kenny Schachter
In the three art fair booths that we did together, Vito always freaked out every time I went outside of his design to hang something on the walls beyond.

Vito Acconci
That's because we thought it implied a failure on our part. We should have provided something that gave you all the opportunities you needed to hang pictures.

Kenny Schachter
Bei den drei Kunstmessen, die wir zusammen gemacht haben, flippte Vito jedes Mal aus, wenn ich mich außerhalb seines gestalteten Aufbaus begab, um etwas auf der anderen Seite der Wände aufzuhängen.

Vito Acconci
Wir dachten dann eben, wir selbst hätten versagt. Wir hätten dir etwas machen sollen, das dir die notwendigen Möglichkeiten zum Aufhängen von Bildern gibt.

Kenny Schachter
Nun, das ist doch das Wesen dieser Architektur, dass sie organisch und fließend ist, sie ist in Bewegung und schafft einen Raum innerhalb eines anderen Raums; es gibt aber immer noch diese anderen Orte und Beziehungen und die Möglichkeiten, mit ihnen umzugehen. In der Vergangenheit wäre ich nicht auf die Idee gekommen, ein Bild jenseits dieser Art von Konstruktion-in-Konstruktion aufzuhängen. Aber dann sieht man sie, und alles erscheint so natürlich und funktioniert.

Kenny Schachter

Well, that's just the nature of this architecture being organic and fluid, which moves and creates a space within another space; there are all these other places and relationships and there are ways to approach it. In the past, I wouldn't have thought to hang a painting beyond this kind of structure within a structure. But then you see it and it seems so natural and it works.

Vito Acconci

We created this structure with fiberglass, but Kenny wanted the white walls so badly, he would reach in between the fiberglass and put his pictures on the white wall. Almost behind the cage, but at least he had the white wall!

Kenny Schachter

We created a way to hang more art; we created a unique way to present two-dimensional works rather than simply mounting them on a generic white wall. We turned looking at a painting into a three-dimensional experi-

Vito Acconci

Wir schufen diese Glasfaserkonstruktion, aber Kenny wollte unbedingt die weißen Wände, er griff zwischen die Glasfaserstäbe und hängte die Bilder an die weiße Wand. Fast wie hinter den Käfig, aber er hatte dann wenigstens seine weiße Wand!

Kenny Schachter

Wir schufen so die Möglichkeit, noch mehr Kunst aufzuhängen, zweidimensionale Arbeiten neu zu präsentieren, statt sie einfach nur an Einheitswände in weiß zu hängen. Wir machten das Betrachten eines Bildes zu einer dreidimensionalen Erfahrung, bei der man um ein flaches Kunstwerk wie um eine Skulptur herumlaufen konnte. Ich glaube, es gibt auch ein bestimmtes Maß an Selbstnegation. Für mich war es sehr interessant zu hören, als du bei der Eröffnung der Retrospektive über deine Arbeiten im Juli (bis Okober 2004) im Musée des Beaux-Arts in Nantes in einem Vortrag mit als erstes gesagt hast: Ich hasse Museen. Gleichzeitig sitzt du aber in einem Museum in mitten einer schönen Museumsausstellung. Ich glaube, Vitos Arbeit war eine Art Anti-Materialismus in der Kunst; was du in den 70er Jahren gemacht hast, war diese Art von Anti-Kunst.

Views of the Exhibition in Nantes with Movable Floor (1979) and Room Dividers (1982), 2004

ence, where you could walk around a flat artwork like a sculpture. I also think there is a level of self-negation. What I find very interesting is that when you had the opening of your retrospective in July [to October, 2004] at the Musée des Beaux-Arts de Nantes and you were giving a talk, one of the first things you said was: I hate museums. At the same time you are sitting in a museum with a nice museum show. I think that Vito's work was a kind of anti-materialism in art; what you were doing in the 70s was this kind of anti-art.

Vito Acconci

I don't know, did any of us think of it as anti-art? I'm not sure. Because in some ways it could only exist because of art. I was doing things supposedly taken from everyday life. People may burn the hair off their chest, they may tear out their hair. If you did that in a normal situation, you'd be put in some kind of mental hospital, but if you do it in an art gallery, they write an article about it.

Vito Acconci

Ich weiß nicht, hielt irgend jemand von uns das für Anti-Kunst? Ich bin nicht sicher. Denn in gewisser Weise konnte es nur existieren wegen der Kunst. Ich tat Dinge, die angeblich dem Alltagsleben entnommen waren. Die Menschen können sich ihre Haare von der Brust brennen, sich die Haare ausreissen. Wenn du das in einer normalen Situation gemacht hättest, hätte man dich in eine Irrenanstalt gebracht, aber wenn du es in einer Kunstgalerie machst, wird ein Artikel darüber geschrieben.

Kenny Schachter

Worauf ich eher hinauswollte, war das Thema Konflikt und der Akt der Negation. Meiner Ansicht nach entwickelte sich deine Arbeit aufgrund des Wegs, den du eingeschlagen hast, zu einer Art Kritik an Institutionen. Im Laufe der Jahre wurdest du in alle diese Museen und Universitäten eingeladen, die normalerweise der Höhepunkt einer Karriere (oder im Leben) ehrgeiziger Künstler sind. Aber für dich war das irgendwie eine Sackgasse und der Beweis für das Versagen in gewisser Weise, da dein Publikum eine so abgegrenzte Gruppe von Kunstbegeisterten war.

 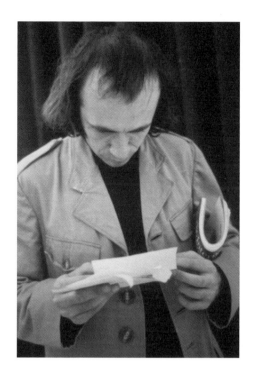

Vito Acconci, Service Area, 1970

Kenny Schachter

What I was getting at more precisely was the issue of conflict and the act
of negating. I think your work grew to be a kind of institutional critique
because of the stature of your career. As it progressed over the years you
were welcomed into all these museums and universities, which would
ordinarily be the greatest thing in the careers (even lives) of aspiring
artists. And somehow you found that it was a dead end and evidence of a
certain failure because your audience is so limited when you're preaching
to the committed. So you had to reach beyond that, and architecture is a
means of transcending that universe and speaking to a wider, general-
interest audience. And when you posit that rather provocative statement
"I hate museums," it's disingenuous to the extent that you made the trip
and put together the show. I can relate to such incongruities, too—hating
galleries so much and here I am opening my second one!

Vito Acconci

I was giving a talk at a museum and had to explain that I am an unlikely

Also musstest du neue Welten erschließen, und Architektur ist eine Möglichkeit,
zu einem breiteren, allgemeiner interessierten Publikum zu sprechen. Und wenn
man diese ziemlich provokative Aussage „Ich hasse Museen" verkündet, ist es
nur insoweit, als du dich darauf eingelassen hast und eine Ausstellung
zusammengestellt hast, unaufrichtig. Ich kann mich diesen Ungereimtheiten
anschließen – Galerien so sehr zu hassen und nun meine Zweite zu eröffnen!

Vito Acconci

Ich habe diesen Vortrag im Museum gehalten und dabei erklärt, dass es für mich
ungewöhnlich ist, eine eigene Ausstellung im Museum zu erhalten, da die Menschen meiner Generation keine Museen mögen. So kam ich zu der Aussage, wir
hassen Museen: Die Welt war da draußen und das Museum war hier, mit Wänden, die viele von uns nachdenklich machten: Ist Kunst zu zerbrechlich, dass sie
all diesen Schutz braucht? Tatsache ist, sie braucht ihn.

Kenny Schachter

Zum Thema Hass auf Galerien, ich versuche den Spagat zwischen akademischen
Welten, ich schreibe, ich mache etwas Kunst und ich realisiere eklektische Pro-

person to have a museum show because people of my generation resisted museums. We hated museums: the world was out there and the museum was here, with walls, which made a lot of us think: is art so fragile that it needs all that protection? The thing is, it does.

Kenny Schachter
As for hating galleries, I straddle the fence between the academic worlds, I write, I do some art, and I do eclectic projects. But commercially, I support what I do by selling art. It is this kind of conflicted state where 'I hate galleries' (but run them) that has really inspired and spurred me in my collaboration with Acconci Studio. Considering that you hate this system of disseminating art by putting it into the commercial pipeline—taking that as a jump-off point, how do you get involved in something that you need to do for economic necessity? If you have to do something that you loathe, how do you do it in a way that you can live with?

jekte. Aber in wirtschaftlicher Hinsicht basiert das, was ich tue, auf dem Verkauf von Kunst. Dies ist diese Art von widerstreitendem Zustand, von der Aussage ‚Ich hasse Galerien' (aber betreibe eine), die mich wirklich inspiriert und mich in meiner Zusammenarbeit mit Acconci Studio ansornt. Bedenkt man, dass man dieses Betriebssystem Kunst hasst und zugleich auf dessen wirtschaftlichen Erfolg setzt, es als Sprungbrett nutzt, wie kann man zu einem solchen Broterwerb gelangen? Wenn man etwas tun muss, das man verabscheut, wie schafft man es trotzdem, dies so zu machen, dass man damit leben kann?

Lilian Pfaff
Denkst du dabei an Duchamps Vorstellung zum Thema Museum, beeinflusste die dein Denken?

Vito Acconci
Sie hatte ungeheuer großen Einfluss. Ich glaube, vieles von mir würde ohne Duchamp nicht existieren: den Raum im Museum als meinen Briefkasten verwenden. Hätte Duchamp nicht Dinge von außen in die Museen gebracht, ich hätte

Lilian Pfaff
What do you think about Duchamp's ideas about museums, was that influential on your thinking?

Vito Acconci
It was tremendously influential. I think a lot of my stuff wouldn't exist without Duchamp: using the space in the museum as my mailbox. If Duchamp hadn't imported outside stuff into a museum, I don't suppose I would ever have thought in those terms. But Duchamp was a little too much of a dandy for me. He was too much above it all, full of judgment and irony. I was never a fan of irony; it's too clean. I've always preferred the messier, Marx Brothers' brand of slapstick humor.

Kenny Schachter
In a group show at the Museum of Modern Art (MoMA), you changed your address to MoMA and had all of your mail delivered there; thus you had to visit the museum in order to fetch your mail, and you turned your ordinary

wohl nie in diese Richtung gedacht. Aber Duchamp war nach meinem Geschmack zu sehr ein Dandy. Er stand zu weit über den Dingen, urteilte immer und war voller Ironie. Ich konnte mich noch nie für Ironie begeistern; sie ist zu glatt. Ich mag es lieber chaotischer, jene Art von Slapstick-Humor der Marx Brothers.

Kenny Schachter
Während einer Gruppenausstellung im Museum of Modern Art (MoMA) gabst du als Adresse das MoMA an und ließt dir deine Post dorthin schicken; somit musstest du das Museum besuchen, um deine Post abzuholen. Und so hast du aus deiner normalen Post und den gewöhnlichen Päckchen liebevoll von dem Museumspersonal bewachte Objekte gemacht. Man könnte sagen, das ist eine Kreuzung von blanker Ironie und chaotischem Slapstickhumor.

Vito Acconci
Aber ganz offensichtlich kommen die Einflüsse von einer Reihe von Orten zur gleichen Zeit.

Vito Acconci, Where We Are Now (Who Are We Anyway?), 1976

post and parcels into cherished works of art guarded by the museum staff. You might say that's a cross between clean readymade irony and messy slapstick humor.

Vito Acconci

But obviously influences come from a number of places at the same time.

Cristina Bechtler

Did architectural elements crop up for the first time in *Instant House*?

Vito Acconci

Not really, there were installations starting in 73/74, but they were more like furniture elements. In the mid-70s Sonnabend Gallery showed a piece called *Where We Are Now (Who Are We Anyway?)*. The main room of the gallery was blocked off and the outside of the room painted black, so it became a kind of black object inside the overall room. A long table—a plank with stools on either side—was propped up on the win-

Cristina Bechtler

Hast du Architekturelemente das erste Mal bei *Instant House* verwendet?

Vito Acconci

Eigentlich nicht, es gab schon Installationen seit 1973/74, aber das waren eher möbelartige Elemente. Mitte der 70er Jahre stellte die Sonnabend Gallery eine Arbeit mit dem Titel *Where We Are Now (Who Are We Anyway?)* aus. Der Hauptraum der Galerie war versperrt und von außen war der Raum schwarz gestrichen, damit wurde er ein schwarzes Objekt im Gesamtraum. Ein langer Tisch – ein Brett mit Hockern auf beiden Seiten – wurde auf die Fensterbank der Galerie gelegt und reichte durch das Fenster nach draußen. Damit gab es in der Galerie einen Tisch und draußen ein Sprungbrett. In gewisser Weise waren Arbeiten wie diese der Anfang von zwei Dingen: eines Ortes, an dem Menschen sein können (es gab Hocker, damit sie sich setzen konnten), und von Ton. Ein hängender Lautsprecher sprach zu den Leuten, die vielleicht an dem Tisch saßen. Ständig tickte eine Uhr, eine Stimme sprach dazu „Nun, da wir alle hier versammelt sind, was meinst du Bob?" und „Nun, da wir so weit, wie wir können, gegangen sind, was meinst du Barbara?". Ich

dow sill of the gallery and then went out the window. So inside the gallery it was a table and outside, a diving board. In a way, pieces like that were the beginning of two things: of a place where people could be (there were stools for people to sit down on) and of sound. A hanging speaker addressed people potentially sitting at the table. There is the steady sound of a clock ticking, a voice comes in "Now that we are all here together and what do you think Bob?" and "Now that we have gone as far as we can go, what do you think Barbara?" So I was trying to treat the gallery as if it was a town square, as if it was a plaza, as if it was a community meeting place. And I think in the back of my mind I started wondering if I was kidding myself. Here I am, doing these pieces in a gallery or museum, trying to pretend the gallery or museum is a plaza, a public space. It is never going to be a public space. If I really want a public space I better find a way to get there. It took me a long time, but I think it was a very important development.

versuchte damit die Galerie wie den Marktplatz in einer Stadt zu behandeln, als wäre sie eine Plaza, als wäre sie der Treffpunkt der Gemeinde. Und ganz im Hinterkopf begann ich mich wohl zu fragen, ob ich mich selbst auf den Arm nahm. Hier bin ich und mache all diese Objekte in einer Galerie oder einem Museum und versuche so zu tun, als sei die Galerie oder das Museum eine Plaza, ein öffentlicher Raum. Sie werden nie ein öffentlicher Platz sein. Wenn ich tatsächlich einen öffentlichen Platz möchte, sollte ich mir einen Weg suchen, dorthin zu kommen. Ich brauchte viel Zeit, aber ich denke, es war eine sehr wichtige Entwicklung.

Kenny Schachter

Dies erinnert mich auch an Rirkrit Tiravanija, ein recht interessanter Künstler. Er verschenkte zum Beispiel Essen in einer Galerie (und macht das immer noch) und versucht damit, die Entwicklung einer sozialen Skulptur zu propagieren, aber für mich war das ein wenig unehrlich. Die einzigen Leute, die kamen, waren solche, die ein kostenloses Essen haben wollten, wie zum Beispiel unterbezahlte Kritiker, die 25 Mal kamen, um eine Frühlingsrolle zu bekommen, das ist komisch. Wie kann diese Form der Mitteilung mit einem sozialen Diskurs verbun-

Kenny Schachter

It reminds me of, say, Rirkrit Tiravanija, who is quite an interesting artist. He did things like giving away food in a gallery (and still does) trying to propagate a social sculpture in the process, but I found it a little disingenuous. The only people that came in were people trying to get a free lunch, like underpaid critics who would go in 25 times to get spring rolls, it's comical. How can that kind of rhetoric be associated with social discourse when you're in a place with five critics, four graduate students and an art collector?

Vito Acconci

I think we're confronted with an inherent contradiction. My work was part of that contradiction as much as his and that of many other people. It just can't be done. A public space needs to be a public space. If you're pretending it's one, it becomes a model of a public space where everybody is acting.

Kenny Schachter

When did you first go out into a square or plaza?

den werden, wenn man an einem Ort mit fünf Kritikern, vier Studenten und einem Kunstsammler ist?

Vito Acconci

Ich denke, wir stehen hier vor einem systemimmanenten Widerspruch. Meine Arbeit war Teil dieses Widerspruchs so wie auch Rikrits und die vieler anderer. Man kann es sich nicht leisten – ein öffentlicher Raum muss ein öffentlicher Raum sein. Wenn man nur vorgibt, dass er einer ist, wird er ein Modell eines öffentlichen Raumes, in dem jeder nur eine Rolle spielt.

Kenny Schachter

Wann bist du das erste Mal auf einen Platz oder eine Plaza hinausgegangen?

Vito Acconci

Bad Dream House von 1984 war vielleicht das erste Projekt, aber es stand nicht in einem wirklich öffentlichen Raum, sondern auf dem Campus eines College. Zur gleichen Zeit arbeitete ich an einem Objekt auf einem Parkplatz in San Francisco, dem *House of Cars*, aber auch hier stellte eine Institution, eine Art alternative Galerie, den

Vito Acconci

Bad Dream House was probably one of the first in 1984, but it wasn't put in the most public space in the world because it was a college campus. At the same time I did a piece in a parking lot in San Francisco called *House of Cars*, but again it was under the auspices of an institution, a kind of alternative gallery. It did at least use a public space, people could pass through so it wasn't exclusively for an art audience. Those were probably the first timid attempts to bring stuff into a public space.

Cristina Bechtler

Is there music?

Vito Acconci

There probably should be, but there is none.

Kenny Schachter

There was in the bras, when you did the giant bras.

Rahmen. Es stand zumindest in einem öffentlichen Raum, die Leute konnten durch-laufen, und es war nicht ausschließlich für ein Kunstpublikum. Dies waren wohl die ersten zaghaften Versuche, diese Dinge in den öffentlichen Raum einzubringen.

Cristina Bechtler

Gibt es Musik?

Vito Acconci

Es sollte sie vielleicht geben, aber da war keine.

Kenny Schachter

Die gab es in den Körbchen, als du den riesigen BH gemacht hast.

Vito Acconci

Ja, es gab Lautsprecher, die man einstecken konnte ... Ich glaube, jedes Mal, wenn ich dachte, dass etwas klar ist, hieß das nicht gleichzeitig, dass es jedem klar war. Denn jedes Mal, wenn man den Leuten den BH zeigte, fragten sie, „Wel-che Musik sollen wir spielen?" Und ich sagte, „Es soll ein Lautsprecher sein, und Sie spielen die Musik, die Sie möchten."

Vito Acconci

Yes, there were speakers you could plug in ... I guess every time I thought something was clear, it didn't mean it was clear to everybody else. Because whenever people were shown a bra they asked, "What music should we play?" And I said, "It is supposed to be a speaker, like you play any music you want."

Kenny Schachter

Was it meant as an architectural form though?

Vito Acconci

It was supposed to be furniture. It acts as light, it acts as a seat, and it acts as a body. They are all connected to the wall in some way, so I wanted the bra to have a wall, just like the body would have a wall: it's like the attack of a 50ft. woman, probably every male's fear. What I thought was wrong with pieces like *Bad Dream House* or *House of Cars* was that they're public, anybody can use them, like a public playground. Something

Kenny Schachter

Aber sollte dies schon eine architektonische Form sein?

Vito Acconci

Es sollte Mobiliar sein. Es dient als Licht, als Sitzgelegenheit und als ein Körper. Alle Teile sind in gewisser Weise mit der Wand verbunden, daher wollte ich, dass der BH eine Wand hat, wie der Körper eine Wand darstellt: Das ist wie der Angriff einer 12 m großen Frau, vielleicht die Angst jedes Mannes. Was in meinen Augen widersprüchlich an Objekten wie *Bad Dream House* oder *House of Cars* war, ist ihr hoher Grad an Öffentlichkeit, jeder kann sie nutzen, wie einen öffentlichen Spielplatz. Etwas wird *House of Cars* genannt, aber man kann nicht wirklich darin leben. Es gibt kein Bad, keine Küche, somit ist ,Haus' eine Lüge. Hätte ich es ,Spielplatz aus Autos' genannt, hätte ich nicht gelogen, da man es tatsächlich zum Spielen nutzen konnte.

Kenny Schachter

Aber die Menschen nutzten tatsächlich das *House of Cars*.

Bad Dream House, 1984

is called *House of Cars* but you can't really live there, there is no bathroom, no kitchen, so 'house' was a lie. If I called it a 'playground of cars', then I wouldn't be lying because you could use it to play.

Kenny Schachter
But people certainly did use *House of Cars*.

Vito Acconci
Yes, they find some way to go to the bathroom, I didn't find one, they find some way to cook food. And I thought, I am cheating, I am not taking this seriously enough. Not that everything has to be a house, there are public spaces you go through and you just visit, but it kind of bothered me that I arrogantly called something *House of Cars* and *Bad Dream House* when I was pretending.

Lilian Pfaff
Is that why you started "Acconci Studio" in 1988, the name of which

Vito Acconci
Ja, sie fanden eine Möglichkeit, zur Toilette zu gehen, ich fand keine, sie fanden eine Möglichkeit, sich Essen zu kochen. Und ich dachte, ich schummle, ich nehme das nicht ernst genug. Es muss ja nicht alles ein Haus sein, es gibt öffentliche Räume, die man nur durchquert oder nur besucht, aber es ärgerte mich irgendwie, dass ich so arrogant war, etwas *House of Cars* und *Bad Dream House* zu nennen, und nur so tat als ob.

Lilian Pfaff
Hast du deshalb 1988 „Acconci Studio" gegründet, dessen Name ja schon für Gemeinschaftsarbeiten steht?

Vito Acconci
Ja. Eigentlich möchten wir den Namen des Büros wieder ändern. Wir möchten es insgesamt umbauen. Wir möchten eine Partnerschaft aus vier Personen daraus machen. Die drei, mit denen ich am engsten zusammenarbeite. Zwei von ihnen sind schon lange, sieben oder acht Jahre, dabei. Ich glaube, da stimmt etwas

Adjustable Wall Bra, 1990

even indicates collective authorship?

Vito Acconci

Yes. Now, we want to change the name of the studio again. We want to change the whole structure. We want it to be a partnership of four people. The three people I work closest with. And two of them have been there for a long time, like 7 or 8 years. I think that there is something wrong; it's horrible that it's always me no matter how much I emphasize the studio.

Kenny Schachter

That has something to do with the cult of personality and branding.

Vito Acconci

When I say Acconci Studio, people always say Vito Acconci. There might be an article about us in the fall New York Times men's fashion. When the photographer came, we talked him into taking a photo of the whole studio but instead they're only using a photo of me and not of the whole studio.

nicht; es ist schlimm, dass ich immer im Vordergrund stehe, egal wie sehr ich die Bedeutung des Büros betone.

Kenny Schachter

Das hat etwas mit dem Kult um Personen und Marken zu tun.

Vito Acconci

Wenn ich Acconci Studio sage, sagen die Leute immer Vito Acconci. Da soll zum Beispiel im Herbst ein Artikel über uns in der New York Times Herrenmode erscheinen. Als der Fotograf kam, überredeten wir ihn, auch eine Aufnahme vom ganzen Büro zu machen, aber statt dessen verwenden sie nur ein Foto von mir und nicht das des ganzen Büros. 1988 glaubte ich irgendwie, dass mein Name so bekannt ist, dass ich ihn nicht loswerden könne. Aber heute wünschte ich, ich hätte dem Büro einen anderen Namen gegeben, damit es etwas Eigenständiges geworden wäre. Aber sicherlich ist es noch nicht zu spät. Das Büro muss eine Partnerschaft sein, es kann nicht nur aus einer Person bestehen. Ich habe sogar einen Termin bei einem Steuerberater, um zu besprechen, wie dies den gesamten Aufbau verändern würde.

House of Cars No. 2, 1988

In 1988, I kind of assumed that my name was too much of a known quantity, that I couldn't get rid of it. But I wish I had given it a different name so that it would have been a new entity. I shouldn't think it's too late. The studio has to be a partnership, it can't just be one person. And I even made an appointment with an accountant to see how this would change the whole structure.

Lilian Pfaff
What names have you thought of?

Vito Acconci
I don't know if it would be a combination of names, first names or last names, or some other name, like Asymptote, Plasma or any number; this is the time of architecture group names.

Kenny Schachter
What do you think about the role that ego has played in the past? How did

Lilian Pfaff
An welche Namen hast du gedacht?

Vito Acconci
Ich weiß nicht, ob es eine Kombination von Namen, Vor- oder Nachnamen, werden soll oder irgend ein anderer Name wie Asymptote, Plasma oder eine Zahl; im Moment haben Architekturbüros Gruppennamen.

Kenny Schachter
Was glaubst du, welche Rolle hat das Ego in der Vergangenheit gespielt? Wie war deine Beziehung zu dem Büro am Anfang, wolltest du schon immer deinen Namen unterordnen?

Vito Acconci
Ich glaube, ich habe das Büro gegründet, weil ich etwas tun wollte, von dem ich nicht wusste, wie ich das alleine schaffe. Ich habe mir wohl vorgestellt, ich würde mit Menschen zusammenarbeiten und deren Ideen würden sich mit meinen verbinden. Vielleicht glaubte ich am Anfang, meine Ideen seien wichtiger, aber ich denke, das hat

you relate to the studio in the beginning, did you always want to subordinate your name?

Vito Acconci

I think I founded the studio because I wanted to do something I didn't know how to do alone. I probably assumed that I would work with people and that their ideas might weave into mine. Maybe when I started I did think that my ideas were more important, but I think that's changed totally. Even now though, would I totally accept as a studio project something that I didn't have anything to do with, and just other people in the studio had something to do with? I don't know. Probably not, but I have the feeling I should.

Lilian Pfaff

But what's the difference between being an artist and being an architect?

sich vollkommen gewandelt. Aber würde ich heute ein Projekt des Büros akzeptieren, mit dem ich nichts zu tun hatte und das nur andere aus dem Büro geplant haben? Ich weiß es nicht. Vielleicht nicht, aber ich habe das Gefühl, ich sollte das tun.

Lilian Pfaff

Aber was ist der Unterschied zwischen einem Dasein als Künstler und einem Leben als Architekt?

Kenny Schachter

In New York gibt es dieses Gesetz, wonach man beim Bau eines neuen Gebäudes ein Prozent der Bausumme für Kunst ausgeben muss, und Vito sagte, ich will nicht das eine Prozent, er war mehr an den verbleibenden 99% interessiert. Und noch etwas haben wir gemeinsam: In der Welt der Kunst gibt es immer nur Beschränkungen, wer ist willkommen und wer nicht, und jeder steckt in seiner Schublade. Vito war an einem größeren Publikum interessiert. Er predigte zu den Kunstbegeisterten, wenn sie in eine Galerie kamen. Heute ist die Kunstwelt größer als jemals zuvor in der Geschichte, und dies trotz der ihr eigenen Mentalität. Ich glaube, das hat Vito aus den Galerien getrieben: die Engstirnigkeit der Menschen.

Kenny Schachter

In New York, they have this law that when you build a new building you give one percent of the budget to art, and Vito said, I don't want one percent, he was more interested in the other 99%. And there is another thing we have in common: the art world is all about restrictions, who is welcomed to the table and who is not and everybody is pigeon-holed. Vito was interested in bigger audiences. He was preaching to the committed when they came to a gallery. Now the art world is bigger than it's ever been in history in spite of the art world mentality. I think that's what drove Vito out of the galleries: the small-mindedness of the people.

Vito Acconci

I'd say the same thing in slightly different words. I want people to happen upon something, rather than to go to a place where something is presented to be looked at. I'm more interested in the casual passerby in the city, who stops at something, not because something is announced as art, but because it connects with that person's life. I always think that

Vito Acconci

Ich würde das gleiche mit etwas anderen Worten sagen. Ich möchte, dass die Menschen zufällig auf etwas stoßen, und nicht, dass sie irgendwo hingehen, wo ihnen etwas zum Anschauen präsentiert wird. Mich interessiert mehr der zufällige Passant in der Stadt, der bei etwas anhält, nicht weil dies als Kunst angekündigt ist, sondern weil es etwas mit dem Leben dieser Person zu tun hat. Ich bin überzeugt, man lernt nicht so sehr von den Dingen, die einem zum Lernen aufgetragen werden, sondern von etwas, auf das man beim Studium einer anderen Sache zufällig stößt. Und für mich gibt es einen weiteren großen Unterschied zwischen der Arbeit als Künstler und der Arbeit als Architekt: In der Architektur schafft man etwas, in dem die Menschen etwas anderes tun werden, aber das, was als Kunst präsentiert wird, ist immer auf Kunst bezogen. Vielleicht kommt diese Erkenntnis aus meinem Interesse für Musik und Klang. Für mich ist eher das Schaffen eines Ambientes wichtig, in dem man viele andere Dinge tun kann.

Lilian Pfaff

Könnte dieses Ambiente auch ein Parfum sein, wie „Rotterdam" von Herzog & de Meuron?

you learn things more not from something that you've been told to study, but from something that just happens when you're in the midst of studying something else. And for me there's another big difference between working as an artist and working as an architect: in architecture you create something that people will be doing something else in the middle of, but whatever you present as art is given some kind of focal point. Maybe this comes from the interest that I always had in music and sound. I'm more interested in providing a kind of ambience, inside of which you can do all kinds of other things.

Lilian Pfaff
Could the ambience be perfume too, like "Rotterdam," created by Herzog & de Meuron?

Vito Acconci
We've been thinking about perfume a lot. But we haven't done anything yet.

Vito Acconci
Wir haben viel über Parfum nachgedacht. Aber wir haben noch nichts in dieser Richtung gemacht.

Kenny Schachter
Ich kann mir nur vorstellen, wie Eau de Vito wäre!

Lilian Pfaff
Zurück zur Musik, hast du schon Pläne in dieser Richtung?

Vito Acconci
Ich war schon immer begeistert von der Musik der Doors, früher, in der Vergangenheit. Ich möchte heute keine Welt der Doors mehr haben.

Kenny Schachter
Du möchtest keine Welt der Doors – der Türen, was in einer Architektur ohne Türen oder gar ohne Wände endet …
Wenn man eine bestimmte Musik zum ersten Mal hört, ist das für mich wie das Zusammentreffen mit einem Unbekannten. Wenn man die Musik kauft, oder

Kenny Schachter

I can only image what Eau de Vito would be like!

Lilian Pfaff

And in terms of music, do you have anything specific in mind?

Vito Acconci

I have always loved the music of the Doors, but when I love it, I love it for me then, in the past. I don't want a world of the Doors now.

Kenny Schachter

You want a world with no doors, which turned into an architecture with no doors, or walls for that matter...
I mean listening to music for the first time is for me like meeting someone that you never knew before. When you first buy music, or come across music, and you listen to it, it's almost uncomfortable. You have to make an effort to get your mind around this new sound and then decide whether or

zufällig darauf stößt, und sie dann anhört, fühlt man sich fast schon unwohl. Man muss sich anstrengen, sich auf diesen neuen Klang einzustellen, und dann entscheiden, ob man ihn mag oder nicht, und ich glaube, sobald man mit etwas vertraut ist, reagiert man unterbewusst, und dann ist es ganz anders ...

Vito Acconci

Ich glaube, Musik lässt sich relativ leicht mit einer bestimmten Zeit verbinden. Heute beginnt man die 60er Jahre zu verstehen. Und Mitte der 90er Jahre, als ich zum ersten Mal Tricky und Moby hörte, dachte ich schließlich, super – jetzt verstehe ich die 90er.

Kenny Schachter

Wie schaffst du den Zugang zu neuer Musik?

Vito Acconci

Das ist schwer für mich. Ich gehe in einen Musikladen in New York in der 4. Straße, dort gibt es kleine Texte von Leuten aus dem Laden. Man muss einfach

not you like it, and I guess once you are familiar with something you react on a subconscious level, and then it's completely changed …

Vito Acconci

I think music is probably easier to connect with a particular time. So now you start to know what the 60s are. And in the mid 90s, when I first heard things like Tricky and Moby, I finally thought like, wow, now I can get the 90s.

Kenny Schachter

How do you get access to new music?

Vito Acconci

It's hard for me. I go to a music store in New York, 4th Street where they have a lot of little blurbs and little texts written by people in the store. So you make guesses, you buy 40 things, maybe one thing is good. But I've come to the realization that my work is only worth something when it is

auf gut Glück suchen und kauft vierzig CDs, vielleicht ist eine davon gut. Aber mir ist klar geworden, dass meine Arbeit nur etwas Wert sein kann, wenn sie mit der Musik dieser Zeit verbunden ist.

Kenny Schachter

Wie kommt es dann, dass die Musik in deiner Arbeit fast nicht vorkommt, wenn sie doch so viel Einfluss hat, wie du in der Vergangenheit gesagt hast. Natürlich gibt es da Stücke, Übungsstücke, als du Lieder gesungen hast, vielleicht ist es die Tonlage deiner Stimme beim Schimpfen und Toben. Vielleicht ist die Musik da, aber es ist nur ein eingeschränkter Begriff von Musik, wie die Stimme der typischste Teil von dir ist, den man immer erkennt, und ich glaube, sie ist letztlich auf ihre eigene Weise sehr wohlklingend und melodiös.

Vito Acconci

Es gibt diese Videoaufnahme von 1973 mit dem Titel *Theme Song*, auf der ich Stücke von den Doors, Van Morrison, Neil Young spiele und versuche, mit Hilfe dieser Songs eine Beziehung zu der Person, die mich auf dem Bildschirm

connected with a particular music at the time.

Kenny Schachter
But how come the music is almost non-evident in your work, for something that is as influential as you stated in the past? I mean there are pieces, these learning pieces, when you sang songs, maybe it's in the intonation of your voice with your ranting and ravings. Perhaps the music is there, but it's just a pared down notion of music, as your voice is the most distinct part of your persona, recognized the world over, and I suppose it is ultimately very melodious and tuneful in its own right.

Vito Acconci
There is a videotape of 1973 called *Theme Song*, where I am playing things like the Doors, Van Morrison, Neil Young, and I am trying to start a relationship with the person looking at me on the monitor by means of these songs. So the Doors say "I can't see your face in my mind" and I say "of course I can see your face and I am going to start some kind of

anschaut, aufzubauen. Die Doors sagen nämlich, „Ich kann dein Gesicht nicht in meinem Kopf sehen" und ich sage „natürlich kann ich dein Gesicht sehen und ich baue jetzt irgend eine Art von Beziehung zu dir auf". Ich versuchte, die Musik als eine Hymne zu verwenden, als Titelsong für eine Beziehung, die ich mit dieser unbekannten Person aufbauen wollte. Und dann muss diese Beziehung am Ende der Aufnahme enden. Es muss schnell gehen: Wir bauen eine Beziehung auf, wir leben schnell, und wir verlassen einander am Ende der Aufnahme.
Aber andererseits hast du auch recht, es erinnert eher an meine jüngsten Arbeiten, die Wände sollten voller elektronischer Musik sein.

Kenny Schachter
In deiner Architektur?

Vito Acconci
Ja, weil es wohl kein Geheimnis ist, welche Art von Musik ich im Moment höre: Plastic Man, Vladislav Delay, Aphex Twins, alles Elektropopmusik. Warum? Weil man da nicht so aufpassen muss; sie ist wie eine Tapete, wie Umgebung, wie

relationship with you." So I was trying to use the music as an anthem, as a theme song for a relationship that I was going to start with this unknown person. And then the relation has to end by the end of the tape. It has to be fast: we make a relationship, we live quickly, and we leave each other by the end of the tape.

But at the same time you're right, it seems like the more recent stuff, the wall should be filled with electronic music.

Kenny Schachter
In your architecture?

Vito Acconci
Yes, because I think there is no secret about what kind of music I am listening to now: Plastic Man, Vladislav Delay, Aphex Twins, it's all kind of pop-electronic music. Why? Because you don't have to pay so much attention; it's like wallpaper, like a surrounding, an ambience. I think music and architecture are inherently connected. And architecture and

Ambiente. Für mich hängen Musik und Architektur im Grunde genommen zusammen. Und Architektur und Bildhauerei haben möglicherweise nichts miteinander zu tun, einfach weil man in eine Skulptur nicht hineingehen kann, man soll ja auch nicht in eine Skulptur hineingehen.

Kenny Schachter
Man kann in manche großen, heroischen, machomäßigen Skulpturen von Richard Serra hineingehen, deren schiere Größe und gewaltige Menge verrostetem Stahl ein ehrfürchtiges Erstaunen bewirken soll.

Cristina Bechtler
Oder die Skulptur Hon von Niki de Saint Phalle, in Stockholm 1966. Man betrat sie durch die Vagina und drinnen war eine Milchbar.

Vito Acconci
Meiner Ansicht nach wird, wenn so etwas geschieht, Skulptur zu Architektur. Ich glaube, Serra hat recht, damit eine Skulptur eine Skulptur ist, soll man sie nur anschauen können.

sculpture probably have no connection whatsoever, simply because you cannot go inside sculptures, you're not supposed to go inside sculptures.

Kenny Schachter

You can go into some big, heroic, machismo Richard Serra sculpture where you are meant to be awed by the scale of the piece and the foreboding heft of the rusted metal.

Cristina Bechtler

Or Niki de Saint Phalle's Sculpture *Hon*, shown 1966 in Stockholm. You could enter it through the vagina and there was a milk bar inside.

Vito Acconci

I think when things like that happen, sculpture becomes architecture. I think Serra is right, that in order for a sculpture to be sculpture, you can't have anything to do except look at it.

Kenny Schachter

Und dann hast du noch gemeint, dass dir die Arbeit besser gefallen hätte, wenn man nach dem abenteuerlichen Durchgang durch die Spirale dort einen Hot-Dog-Stand vorgefunden hätte. Ich bin sicher, dieser Kommentar hätte dem großen Meister des Metalls gefallen!

Vito Acconci

Ich liebe Serras Skulpturen, ich würde mir nur wünschen, dass, wenn ich drinnen bin, ich dort nicht einfach nur Gott sehen muss, sondern etwas essen könnte. Ich wünschte, es gäbe dort ein Restaurant. Ich glaube, das macht tatsächlich einen Unterschied, und ich glaube, das ist das Problem mit Kunst, sie hat keine Funktion.

Lilian Pfaff

Aber Acconci Studio stellt ja auch bestimmte Verhaltensregeln für Architektur auf.

Vito Acconci

Ich wünschte, wir täten es nicht. Idealerweise würden wir gerne einen Raum gestalten, der eine Art Haut besitzt. Wenn man einen Sitzplatz haben möchte,

Kenny Schachter

And then you made that comment that you would have liked the work more if, after venturing into the center of the spiral, you had found a hot dog stand waiting there. I'm sure that comment would be much appreciated by the metal master himself!

Vito Acconci

I love a lot of Serra's sculptures, I just wish that when I got inside, I didn't just have to see god, I wish I could eat something, I wish there was a restaurant there. I think there really is a difference, and I think that's the problem with art, there is no function.

zieht man einfach die Haut heraus. Und wenn man ihn nicht mehr braucht, schiebt man die Haut zurück.

Lilian Pfaff

Wie in dem Bekleidungsgeschäft United Bamboo in Tokio, in dem man seine eigene Umkleide herausfalten kann?

Vito Acconci

Wir hätten gerne, dass Architektur den Menschen überlassen bleibt. In mir nagt der Zweifel: Bildet Architektur aus sich heraus einen totalitären Raum? Wenn man

Richard Serra, Tilted Arc, New York, 1981

Niki de Saint Phalle, Hon, Stockholm, 1966

Lilian Pfaff

But Acconci Studio also sets up certain architectural rules of behavior.

Vito Acconci

I wish we didn't. Ideally the kind of space we would like to do would be a space that has some kind of skin. When you want a seat, you would pull the skin out. And when you don't want it anymore, you push the skin back.

Lilian Pfaff

Like in the clothing shop United Bamboo in Tokyo, where you can fold out your own dressing room?

Vito Acconci

We want architecture to be in the hands of people. I have this nagging doubt: Is architecture inherently a totalitarian space? When designing a space, are you necessarily designing people's behavior in that space? I want us to do the opposite. Why do we, me and 200 other architects in

einen Raum entwirft, gestaltet man dann auch notwendigerweise das Verhalten der Menschen in diesem Raum? Ich hätte gerne, dass wir das Gegenteil tun. Warum gestalten wir, ich und 200 andere Architekten auf der Welt, Orte, die sich entwickeln, drehen, verwinden. Wir möchten offenbar Räume, die biologisch sind. Wir möchten, dass ein Raum lebt, aber nicht als ein Monster, das Besitz von den Menschen ergreift, sondern als etwas, das reagiert. Aktion ist großartig, aber Interaktion ist besser. Aktion ist letztlich eine Privatsache; Interaktion lässt andere Dinge ebenfalls zu. Wir würden sehr gerne Räume entwerfen, die so auf die Menschen reagieren, wie die Menschen auf sie reagieren. Ich weiß aber noch nicht, wie man das bewerkstelligen könnte.

Cristina Bechtler

Der französische Architekt François Roche plante diesen Raum in einem Sumpfgebiet irgendwo auf Trinidad, eine Art Folly. Die Moskitos sollten zwischen zwei Membranen, zwei sich bewegenden Wänden, zurückgehalten werden. Der Bau sieht wie eine Amöbe aus. Er wäre verdreht und die Fassade wäre beständig in Bewegung.

the world, all make places that evolve, twist, warp. We obviously want spaces that work as biology. We want a space to live, to live not as a monster that overtakes the person, but as something that reacts. Action is great, but transaction is better. Action is ultimately private; transaction lets other things in as well. We would love to make spaces that would actually react to people, as people react to those spaces. I don't know really how to do that yet.

Cristina Bechtler

The French architect François Roche planned this space in a swamp somewhere in Trinidad, a kind of folly. The mosquitoes would remain between two membranes, two walls that would be moving. The thing looks like an amoeba. It would be twisted and the façade would be constantly moving.

Vito Acconci

Das hört sich sehr interessant an.

Kenny Schachter

Wie du schon eben gesagt hast, hast du all die Drehungen und Wendungen untersucht, aber egal wie man es dreht und wendet, am Ende sind es immer wieder nur vier Wände.

Vito Acconci

Ich glaube, das, was die meisten von uns gerne hätten, ist Drehbarkeit und nicht so sehr die Drehung. Ich glaube nicht, dass es um das Herstellen von Formen

R&Sie ..., Mosquito Bottleneck, Trinidad, 2003

Vito Acconci

That sounds very interesting.

Kenny Schachter

Like you were saying before, you were looking at all these twists and turns, but with all these twists you still end up with just another four walls.

Vito Acconci

I think that what most of us want, is twistability rather than twist. I don't think it's about the making of shapes—it's the making of a changing system.

Lilian Pfaff

Like a living animal?

Vito Acconci

On the one hand, it's a skin that lives on its own power, and on the other, it can be adjusted by the people using it. The fact that you can use it like

geht – es geht um das Herstellen eines sich wandelnden Systems.

Lilian Pfaff

Wie ein lebendiges Tier?

Vito Acconci

Einerseits lebt die Haut aus eigener Kraft heraus, und auf der anderen Seite lässt sie sich von den Menschen, die sie nutzen, anpassen. Die Tatsache, dass man sie nutzen kann wie Kleider – Architektur ist Kleidung – ist wirklich wichtig. Kleidung wird immer wichtiger für uns. In vielen meiner Schriften gibt es Vergleiche zu Kleidung. Kleidung ist die erste Architektur für den Körper. Vielleicht entwickelt sich Architektur in Schritten; zuerst gibt es den Körper, dann den mit Kleidern bedeckten Körper, dann den von einem Sessel bedeckten Körper mit Kleidern, dann den von den Wänden eines Raums bedeckten Körper mit Kleidern in einem Sessel. Wir sind noch nicht weit genug vorgedrungen; Sarina [Sarina Basta, Kuratorin und Studio Managerin von VA] arbeitet hauptsächlich daran. Sie interessiert sich vielleicht sogar noch mehr dafür als ich am Anfang. Sie wollte mit etwas Bil-

United Bamboo, Tokyo, 2003

clothes—architecture as clothing—is really important. Clothing has become more and more important to us. A lot of my writing makes comparisons to clothes. Clothing is the first architecture of the body. Probably architecture comes in steps; first there is the body, then the body covered by clothing, then the body with clothing covered by an armchair, then the body covered by clothing covered by an armchair covered by the walls of a room. We haven't gone far enough yet; Sarina [Sarina Basta, curator and studio manager of VA] has worked on this mostly. She was probably more interested in it than I was in the beginning. She wanted to start with something very cheap, very readily available. She started with T-shirts, a T-shirt that you could buy for a dollar. We've been knotting T-shirts together, twisting T-shirts, using T-shirts as the most commonplace material. I don't think I would have come up with that myself, and I'm glad she has. I've always liked the idea of clothing as something to …

Kenny Schachter
… to express yourself?

ligem, sehr leicht Erhältlichem anfangen. Sie begann mit T-Shirts, ein T-Shirt, das für einen Dollar erhältlich ist. Wir haben T-Shirts zusammengeknotet, ineinander gedreht, sie als das verbreitetste Material verwendet. Ich wäre selbst nicht auf diese Idee gekommen, und ich bin froh, dass sie es ist. Ich mochte schon immer die Vorstellung von Kleidung als …

Kenny Schachter
… persönliche Ausdrucksmöglichkeit?

Vito Acconci
… eher als eigenen Schutz. Und durch sie wurde alles ausdrucksvoller. Manche dieser Dinge, die aus solch billigem Material gemacht sind, besitzen am Ende einen ganz eigenen Reiz. Durch die vielen Knoten entsteht irgendwie ein Chaos, Dinge, die auf der Schulter aufliegen, reichen bis zum Boden. Und Dinge, von denen ich nie geglaubt hätte, dass sie mich interessieren, faszinieren mich auf einmal. Insbesondere in der Kombination mit dem, was wir im Moment tun – der Begriff des Styling, Design, wie zum Beispiel Autodesign, was mich zuvor nie interessiert hat.

Vito Acconci

… more to protect yourself. And she's brought in more expression. Some of the things made out of such cheap materials almost end up having a kind of glamour. All that knotting makes it a kind of chaos, things that come from the shoulder move down to the floor. And things that I never would have thought I was interested in have started to interest me a lot. Especially in combination with what we're doing now—the notion of styling, like the styling of a car, which never interested me before.

Kenny Schachter

But the worst kind of scenario is when styling evolves towards some kind of formulaic brand-like architecture. I went to see one Daniel Libeskind building, and then saw another he had just done in London, where he uses this kind of personal vernacular language. And the departure from one building to the next was just a Libeskind building. Fashion and style can be tricky.

Kenny Schachter

Schlimmstenfalls entwickelt sich Styling zu einer Art formelhaften Markenarchitektur. Ich habe einmal ein Gebäude von Daniel Libeskind angeschaut und sah dann eines, das er gerade in London fertiggestellt hatte, bei dem er seine ganz persönliche Gestaltungssprache verwendet. Es gab keine große Entwicklung, es war eben ein Libeskind-Bau. Mode und Stil können sehr schwierig sein.

Vito Acconci

Du ziehst einen Architekten als Beispiel heran, für den Architektur eine Art Religion ist. Und ich glaube nicht.

Kenny Schachter

Die Kehrseite dieser Mode-Sache ist die, sobald du dir diese großartigen, verzogenen, ausgebleichten, verdrehten T-Shirts ausgedacht hast, musst du dir etwas anderes ausdenken. Irgendwie sind sie von Anfang an überholt. War es eigentlich deine Idee, das Zeug am Ende auch noch zu verkaufen?

Vito Acconci

As an example, you're using an architect who wants to think about architecture as a kind of religion. And I don't believe.

Kenny Schachter

With the fashion-thing the downside is that, once you come up with these great torn, faded, twisted T-shirts, you've got to come up with something else. Obsolescence is built into it. But was it your idea to ultimately market this stuff?

Vito Acconci

Yes. I think distribution is important. For Sarina it was very important that we sell these for 5 dollars, but people we have talked to said you can sell this for 350 dollars. If you sell it for 5 dollars, someone is going to make another version of it and sell it for 700.

Kenny Schachter

But if you sell it for 750, someone will knock it off and sell it for a fraction

Vito Acconci

Ja. Ich halte den Verkauf für wichtig. Für Sarina war es sehr wichtig, sie für 5 Dollar zu verkaufen, aber Leute, mit denen wir sprachen, meinten, wir könnten sie für 350 Dollar verkaufen. Wenn man sie für 5 Dollar verkauft, stellt jemand eine weitere Version davon her und verkauft sie für 700 Dollar.

Kenny Schachter

Aber wenn du es für 750 verkaufst, wird jemand den Preis reduzieren und sie für einen Bruchteil davon verkaufen. Vielleicht ist das Hochpreissegment besser. Es ist wie bei der Kunst. Es ist schwerer, ein Meisterwerk für 5.000 Dollar als ein bekanntes Kunstwerk für 500.000 Dollar zu verkaufen. Wenn man T-Shirts für 5 Dollar verkauft, muss man ganz schön viele verkaufen, bis man davon die monatliche Miete bezahlen kann. Ganz schön hinterhältig, diese Dynamik des Marktes. Aber du könntest auch unterschiedliche Versionen machen, etwa eine 5-Dollar-Version und einer exklusivere Version.

Lilian Pfaff

Arbeitest du auch mit Mode?

of that. Maybe the high price market is better. It's like with art. It's harder to sell a masterpiece for 5,000 dollars than it is to sell a known artwork for 500,000 dollars. If you are selling shirts for 5 dollars, you have to sell a hell of a lot to pay rent for the month. It's a tricky thing, the dynamics of the marketplace. But you could do different versions, like a 5-dollar version and a more exclusive version.

Lilian Pfaff

Are you involved in fashion too?

Kenny Schachter

I had a legal education; then after law school, I went into the fashion business. I went to museums, but I was so sheltered where I was brought up. My family had no connection to art whatsoever. I thought that art went from the studio into a museum. I was unaware of any commercial enterprise built around art. I wanted to do something creative so I thought about becoming a fashion designer. I actually started working

Kenny Schachter

Ich habe eine juristische Ausbildung; nach dem Jurastudium begann ich in der Modebranche. Ich ging in Museen, aber ich war sehr stark geprägt von meiner Erziehung. Meine Familie hatte keine Verbindung zu irgendeiner Art von Kunst. Ich glaubte, Kunst ginge vom Atelier direkt ins Museum. Ich kannte in keiner Weise das Geschäft, das es rund um die Kunst gibt. Ich wollte etwas Kreatives tun, und dachte daran, Modedesigner zu werden. Ich habe dann auch tatsächlich für diesen italienischen Kravattendesigner, wie Willy Loman aus *Tod eines Handlungsreisenden*, gearbeitet und diese großen Koffer an der ganzen Ostküste von Amerika entlang geschleppt, um diese Dinger zu verkaufen. Ich meinte, ich müsse das Geschäft von der Pike auf lernen – eine sehr glücklose, unbefriedigende Erfahrung.

Cristina Bechtler

Manche deiner Projekte, wie *Flying Floors*, besitzen eine gewisse Beziehung zum Dekonstruktivismus. Ist dein Ziel, zu destabilisieren? Oder geht es mehr um die Frage einer besseren Raumwahrnehmung?

for this Italian designer of men's neckwear, like Willy Loman [in *Death of a Salesman*], carrying these huge suitcases all over the east coast of America, trying to sell these things. I thought I would teach myself the business from the bottom up—a very hapless, unsatisfying experience.

Cristina Bechtler

Some of your projects, like *Flying Floors*, seem to refer to deconstructivism. Are you aiming at a form of destabilization? Or is it more a question of enhancing awareness of space or the conditions of existence?

Vito Acconci

I think there is an urge to destabilize or to unstabilize. Architecture is a kind of de-architecture at the same time. I think our hope is that when people use our stuff, they become liberated. If you make a space that is turned inside out or that is turned upside down or turned on its side, maybe a person will start to think that the world isn't as fixed as all that. Maybe that doesn't mean a destruction of use but rather a use that we

Vito Acconci

Ich glaube, wir brauchen dringend diese Destabilisierung beziehungsweise Entstabilisierung. Architektur ist zugleich immer auch eine De-Architektur. Wir können einfach nur hoffen, dass die Menschen durch den Gebrauch unserer Sachen befreit werden. Wenn man einen Raum plant, bei dem das Innere nach außen gekehrt wird, das Oben nach unten kommt oder der auf die Seite gelegt wird, beginnt ein Mensch vielleicht darüber nachzudenken, dass die Welt nicht so festgelegt ist. Vielleicht ist das nicht so sehr eine Zerstörung von Funktion, sondern vielmehr eine Verwendung, an die man vorher gar nicht gedacht hat. Was geschieht, wenn ich dieses Oben nach unten wende? Wasser fällt. Und vielleicht bedeutet das, dass ich nun mein Gesicht waschen kann und es vorher nicht tun konnte. Andere Dinge können geschehen: Man verliert vielleicht gewisse Dinge, aber man gewinnt auch Dinge hinzu, von denen man gar nicht wusste, dass sie da sind. Wenn man also das Oben nach unten wendet, das Innen nach außen kehrt, etwas dehnt oder einschneidet, wenn man eine Performance macht, geschieht etwas Neues. Daher steckt in der Architektur für mich immer auch etwas Aktion und sie ist in gewisser Weise Performance.

Flying Floors for the Main Ticketing Pavilion, Philadelphia International Airport, Philadelphia, 1995–98

wouldn't have thought about before. What happens if I turn this upside down? Water would fall. And maybe that means that I can now wash my face, and I couldn't wash my face before. Other things can happen: you might lose certain things, but you also gain things that you didn't know were there. So if you turn something upside down, if you turn something inside out, if you stretch something, if you cut something, maybe if you perform, something new happens. That's why, to me, the notion of architecture is always a notion of some kind of action, some kind of performance.

Lilian Pfaff

This also has a direct impact on the people moving in the architecture and, in turn, reacting to it.

Vito Acconci

When you think of spaces for people, you think of how people are going to be there. It is about ways to live. Of course, most of the time, we

Lilian Pfaff

Dies hat auch eine direkte Auswirkung auf die Menschen, die sich in der Architektur bewegen und selbst wieder darauf reagieren.

Vito Acconci

Wenn man an Räume für Menschen denkt, denkt man daran, wie es den Menschen dort ergehen wird. Es geht um Lebensstile. Natürlich entwickeln wir nicht hauptsächlich Häuser, wir entwickeln öffentliche Räume. Daher fragen wir uns, was wäre, wenn sich eine große Gruppe von Menschen treffen möchte? Und wenn man einen demokratischen Raum entwickeln möchte, gilt es zu bedenken, was wäre, wenn es in dieser großen Gruppe zwei oder drei Menschen gäbe, die alleine sein möchten? Somit benötigt man Räume, in die sich Menschen aus dem Blickfeld der Öffentlichkeit zurückziehen können. Aber was ist dann mit der Einzelperson, die vielleicht an Selbstmord oder einen Serienmord denkt? Vielleicht muss so jemand auch einen Platz haben. Also denkt man über unterschiedliche Räume für unterschiedliche Arten von Aktivitäten nach, aber bislang habe ich als einzigen Weg, wie man zu Architektur kommt, herausgefunden, dass Dinge in der

aren't doing a house, we are doing a public space. So we ask ourselves what if a large group of people wants to gather? And if you're doing a democratic space, you have to think, what, if in the middle of that large group of people, there are two or three people who want to be alone? So you're going to need spaces where people can move away from the public eye. But then what about the single person who might be thinking about suicide or might be thinking of serial murder? Maybe that person has to have a place too. So you think about different spaces for different kinds of activity, but so far the only way I've figured out how to do architecture is that things in the world exist. Land exists, buildings exist, and since they exist, you want to perform operations on them: you can renovate something or you can add something. Renovating doesn't necessarily mean to tear down the old but you can surround it with the new, you can take away from the new, you can insert the new. Rome has done that automatically. And that, to me, can only make things better because you never know what is going to come later. You can never recreate old times, so why try. The materials are different and the technology is different.

Welt einfach da sind. Land ist da, Gebäude sind da, und da es sie gibt, möchte man etwas an ihnen machen: Man kann etwas sanieren oder etwas hinzufügen. Sanierung bedeutet nicht unweigerlich den Abriss des Alten, sondern man kann es mit dem Neuem umgeben, man kann etwas wegnehmen, man kann etwas einsetzen. In Rom geschah das automatisch. Und das kann die Dinge meiner Ansicht nach nur besser machen, weil man nie weiß, was später kommen wird. Alte Zeiten kann man nicht wiederauferstehen lassen, es ist den Versuch nicht wert. Die Materialien sind anders und die Technologie ist anders.

Kenny Schachter

In England gibt es Vorschriften über das Replizieren von viktorianischen oder edwardianischen Stilelementen in der Architektur. Es ist unglaublich, wie streng die Kontrollen und Schutzvorschriften sind, um bestimmte historische Stilrichtungen der Architektur in bestimmten Gegenden auf Kosten des Neuen und Zeitgenössischen zu erhalten und durchzusetzen. Man kann nicht einmal das Aussehen einer Fensterscheibe oder eines Mansardfensters verändern.

Kenny Schachter

In England they are dictatorial about replicating aspects of Victorian or Edwardian architecture. It is unbelievable how tight the controls and protections are in order to preserve and effectuate certain historical styles of architecture in certain neighborhoods at the expense of the new and contemporary. You can't even change the look of a windowpane or dormer.

Vito Acconci

It is not that I want to get rid of the old, but I think the best way to deal with it is to revise it. We see the old with the eyes and minds of now. So we have a kind of advantage. The most horrible thing about architecture, though, is that it is inevitably outdated once it is built.

Kenny Schachter

But anything that has certain characteristics of quality—whatever that may be—will last somehow. You can look at certain buildings a hundred years later and they still seem fresh.

Vito Acconci

Das heißt ja nicht, dass ich das Alte loswerden möchte, aber der beste Weg damit umzugehen, ist meiner Ansicht nach, es zu überarbeiten. Wir sehen das Alte mit den Augen und mit den Vorstellungen von heute. Damit sind wir in gewisser Weise im Vorteil. Das Schlimmste an Architektur ist aber letztlich doch die Tatsache, dass sie unweigerlich veraltet ist, sobald das Gebäude steht.

Kenny Schachter

Aber alles, was einen gewissen Qualitätsstandard hat – was immer es auch ist – wird die Zeit überdauern. Schau dir manche hundert Jahre alte Gebäude an, sie wirken immer noch frisch.

Vito Acconci

Aber damit sie das tun, müsste man sie fast vom Rest der Stadt isolieren. Und Architektur ist mitten in der Stadt. Die Stadt wandelt sich, aber die Gestaltung nicht.

Vito Acconci

But in order to do that you almost have to isolate them from the rest of the city. And architecture is in the middle of the city. The city changes, but your design doesn't.

Kenny Schachter

That reminds me of Marcel Duchamp who said that art should have a shelf life, which is quite a beautiful theory. There is no reason for art to be a canon carved in stone.

Vito Acconci

But the great thing about architecture as opposed to art is that everybody knows it's going to be renovated, probably starting five minutes after it's been built. People think of uses they didn't think of before, they need more space, need different kinds of spaces. So architecture is always a kind of kernel that is going to have something added. That's something like shelf life.

Kenny Schachter

Das erinnert mich an Marcel Duchamp, der sagte, Kunst müsse ein Verfallsdatum haben, was eine hübsche Theorie ist. Es gibt keinen Grund dafür, dass Kunst ein in Stein gemeiselter Kanon ist.

Vito Acconci

Aber das Großartige von Architektur im Gegensatz zur Kunst ist, dass jeder weiß, sie wird eines Tages saniert werden, vielleicht sogar schon fünf Minuten, nachdem sie errichtet wurde. Die Menschen denken auf einmal an ganz neue Nutzungsmöglichkeiten, sie brauchen mehr Platz, andere Räume. Architektur ist somit immer eine Art Kern, zu dem immer noch etwas hinzugefügt wird. Das ist vergleichbar mit einem Verfallsdatum.

Lilian Pfaff

Die meisten deiner Projekte sind in der Tat Sanierungen oder Erweiterungen bestehender Gebäude.

Lilian Pfaff

Most your projects are, in fact, renovations or expansions of existing buildings.

Vito Acconci

Nobody has asked us to do a real building!

Kenny Schachter

But you did a private home in Greece.

Vito Acconci

It was going to be a kind of weekend house in Kalamata. We made one initial conceptual proposal, which was kind of strange actually. They had given us a really flat site and to counteract that and because there were two brothers, we made a house with two intersecting spirals. Strangely, I had never been to Greece before I went to this site. What struck me, being there for the first time, was this kind of extensive balcony life. So we tried to make a house where the roof of one brother's house acted as the bal-

Vito Acconci

Niemand hat bisher ein richtiges Gebäude bei mir in Auftrag gegeben!

Kenny Schachter

Da gab es ein Privathaus in Griechenland.

Vito Acconci

Es sollte eine Art Wochenendhaus in Kalamata werden. Wir machten einen ersten Vorschlag für ein Konzept, das schon etwas seltsam war. Als Vorgabe hatten wir ein wirklich flaches Grundstück und als Gegenpol dazu und weil es zwei Brüder gab, planten wir ein Haus mit zwei ineinander gedrehten Spiralen. Es ist komisch, aber ich war noch nie in Griechenland und die Besichtigung des Grundstücks mein erster Besuch dort. Und so beeindruckte mich vor allem, dass man sich dort fast immer auf der Terrasse aufhalten kann. Daher versuchte ich ein Gebäude zu entwerfen, bei dem das Dach des Hauses des einen Bruders die Terrasse des Hauses des anderen Bruders war. Als sie den Entwurf sahen, meinten sie auch, dass er ihnen gut gefällt, aber wegen dieser Spiralform sollten wir es

cony for the other brother's house. When they saw it they claimed that
they really liked it, but, because it was spiraling up, they thought we
should do it on a sloping site that would go down to a river. Then he said
he would get this other site, but he never called us again.

Kenny Schachter
But I asked you to do a theoretical house for me.

Vito Acconci
That's true. You asked us to do so many things. We started to think about
this theoretical house and then there's an email from you saying, do a car.

Kenny Schachter
I'm interested in design, industrial design, I'm now working on a publication
that deals with art, architecture, and car design. This is something that isn't
looked at closely. Typically, when you want to look at cars and read about
them, you have these magazines for piston heads, car fanatics. We spend so

eher auf einem abschüssigen Gelände am Fluss bauen. Dann meinte einer, er
würde dieses andere Grundstück kaufen, aber er rief nie wieder bei uns an.

Kenny Schachter
Aber ich bat dich, ein theoretisches Haus für mich zu entwerfen.

Vito Acconci
Das ist wahr. Du hast uns schon um so viele Dinge gebeten. Wir haben angefangen, über dieses theoretische Haus nachzudenken und dann kam eine E-Mail von
dir, mach ein Auto.

Kenny Schachter
Ich interessiere mich für Design, Industriedesign, ich arbeite jetzt an einer Veröf-
fentlichung über Kunst, Architektur und Autodesign. Dies wurde noch nicht inten-
siv genug untersucht. Wenn man Autos anschauen und darüber etwas lesen
möchte, bekommt man fast nur diese Zeitschriften für Autofreaks. Wir verbringen
so viel Zeit in unseren Autos, erfahren so viel durch sie; warum sollte es da nicht
eine genauere Analyse darüber geben, wie sie gemacht werden und wie ihr

much of our time in cars, experience so much through them; why not make a closer analysis as to how they are made and what the design is. I would like to do a garbage can, a car and few things in between.

Vito Acconci

This is good, except that we can't keep up with you: do a garbage can, do a bathroom.

Lilian Pfaff

Now you're working on the new project with Zaha Hadid in London.

Kenny Schachter

My present temporary exhibition space at 33-34 Hoxton Square in London's East End will be demolished soon and a mixed-use commercial and residential building designed by Hadid will take its place. The façade will be glazed, the lines demure and the roof a curved, heaving and falling masterstroke. Some of the self-assured outlines and ripples of Hadid's

Design zustande kommt. Ich würde gerne einen Mülleimer, ein Auto und ein paar Dinge zwischenrein angehen.

Vito Acconci

Das ist gut, außer, dass wir nicht mitkommen: einen Mülleimer, ein Bad entwerfen.

Lilian Pfaff

Im Moment arbeitest du an dem neuen Projekt mit Zaha Hadid in London.

Kenny Schachter

Mein gegenwärtiger, nur für begrenzte Zeit zur Verfügung stehender Ausstellungsraum am Hoxton Square 33-34 in Londons East End wird bald abgerissen und an dessen Stelle wird ein Gebäude mit gewerblicher Nutzung und Wohnungen entstehen, das Hadid entwirft. Die Fassade wird verglast sein, die Linienführung zurückhaltend und das Dach eine ondulierende, auf- und abschwingende Meisterleistung. Manche der selbstbewussten Konturen und Wellen in Hadids neuem Projekt erinnern an die sich wandelnden Wände und das Mobiliar des von Acconci gestalteten Innenraums.

Project for Giannikos-House, Kalamata, Greece, 2002

upcoming project are reminiscent of the shifting walls and furniture in the former Acconci interior.

Lilian Pfaff
Why didn't you contact Acconci Studio for this project?

Kenny Schachter
To be honest, I'm in London, so I hired Zaha Hadid to do a building there. This is less of an exercise. In the end, I might not use the building at all. I'm looking for economic models that would enable me to leave my active day-to-day participation in the art world. The art world has changed so radically in the last 5 to 10 years; it's become a different animal. I just don't really have the same kind of passion to hit the trenches, ferret out artists, and do the kinds of things I did in the past when it was more exciting to me. I'm interested in trying to do other things. The first thing I did when I moved to London was to plan to build a building, and the building will contain flats and commercial space. It's not that I don't have faith and trust in

Lilian Pfaff
Warum hast du nicht Acconci Studio für dieses Projekt angefragt?

Kenny Schachter
Nun ich bin in London, und daher habe ich das Gebäude dort bei Zaha Hadid in Auftrag gegeben. Das ist weniger aufwändig. Vielleicht nutze ich sogar das Gebäude gar nicht selbst. Ich suche nach wirtschaftlich tragfähigen Modellen, damit ich meine aktive Alltagspräsenz in der Kunstwelt aufgeben kann. Die Kunstwelt hat sich in den vergangenen fünf bis zehn Jahren radikal verändert. Ich spüre nicht mehr diese Leidenschaft in mir, an Grenzen zu gehen, neue Künstler aufzustöbern und all die Dinge zu tun, die ich in der Vergangenheit gemacht habe, als das für mich noch spannend war. Ich möchte gerne andere Sachen ausprobieren. Als ich nach London zog, plante ich als erstes, ein Gebäude zu errichten, und in diesem Gebäude sollte es Wohnungen und gewerblich nutzbaren Raum geben. Es geht nicht darum, dass ich kein Vertrauen zu Acconci Studio habe – das Gegenteil ist vielmehr der Fall. Es ist einfach nur pragmatischer bei einem so großen neuen Gebäude, bei dem es täglich vor Ort Entscheidungen zu treffen gilt. Und außerdem

the studio—quite the opposite of that. It's just more pragmatic for something on the scale of a complete new build where day-to-day decisions on site will be necessitated. Nevertheless, during construction of the Hadid building on Hoxton, we will open yet another Acconci designed space at 17 Britannia Street W1 in King's Cross.

Lilian Pfaff
Just what are you planning to do?

Kenny Schachter
The first idea that Vito came up with was a series of tracks suspended on the horizontal beams in the space, like passageways along which people would walk through. It would be on tracks, with elements that would come down, like the ones at the Art Fair booth for the Armory Show 2004. It was an idea that incorporated a lot of those elements but there was more fluidity to it.

werden wir, während ich mit Hadid das Haus in Hoxton baue, noch einen weiteren von Acconci gestalteten Raum in 17 Britannia Street W1 in King's Cross eröffnen.

Lilian Pfaff
Welche Planungen gibt es dafür?

Kenny Schachter
Die erste Idee von Vito war eine Reihe von Schienen, die an den waagrechten Balken im Raum hängen, wie Stege, auf denen die Leute durchlaufen können. Alles wäre auf Schienen, und die Objekte würden herunterhängen, wie beim Stand auf der Kunstmesse von Armory 2004. Diese Idee enthielt viele dieser Elemente, war aber fließender.

Vito Acconci
Ja, auch hier versuchten wir, Bilder ohne eine Wand dahinter, einfach im Raum aufzuhängen; die Stege sollten die Besucher zu den Bildern hin und wieder weg führen. Es gab diese waagrechten Balken, die den Raum teilten. Und so dachten wir uns, diese waagrechten Balken für ein Stegsystem zu nutzen.

106

Vito Acconci

Yes, that was another example where we tried to have a painting with no walls behind it, where the painting would be suspended in the space; walkways would take you to and away from paintings. There were horizontal beams cutting the space in half. So we thought, let's use these horizontal beams for a walkway system.

Lilian Pfaff

Is this a new gallery space?

Kenny Schachter

No. I've never been interested in an art gallery. A big part of the reason I ever opened a gallery was the opportunity to work with Vito. And to try to do something very different from the way galleries are today. And having worked on this one building with Zaha, I'm negotiating for another building. In the meantime I have rented another space for three years. I'm in the midst of working to present a situation that will provide a reasonable

Lilian Pfaff

Ist das ein neuer Galerieraum?

Kenny Schachter

Nein, ich habe mich nie für eine Kunstgalerie interessiert. Der eigentliche Hauptgrund, warum ich je eine Galerie eröffnet habe, war die Gelegenheit, mit Vito zusammenzuarbeiten. Und den Versuch zu starten, etwas ganz anderes als die Galerien von heute zu machen. Und nachdem ich bei dem einen Gebäude mit Zaha zusammengearbeitet habe, verhandle ich nun wegen eines anderen Gebäudes. In der Zwischenzeit habe ich einen anderen Raum für drei Jahre gemietet. Ich arbeite im Moment an einer Möglichkeit, ein passendes bauliches Umfeld für Acconci Studio zu bieten.

Vito Acconci

Kenny nimmt sehr ernst, was ich über Architektur sage, dass sie schnell überholt ist, also stellt er uns Räume mit einer Verfallsdauer von drei Jahren zur Verfügung! Sie haben keine Zeit zu veralten.

Project KS London, 2005

building context for the studio.

Vito Acconci

Kenny is taking so seriously what I've said about architecture being outdated that he gives us spaces that only last three years! They don't have time to grow old.

Kenny Schachter

The beautiful nature of Vito's architecture is that it is often not a fixed thing; it's not just a wall dictating the border of a space or a door dictating where you come in and exit. The space we did together looked like an orchestra of architecture, the walls moved, they mutated into something else.

Vito Acconci

Obviously we are not alone in this respect. There are a lot of architects now that we are interested in: Foreign Office Architects, MVRDV or Asymptote. People are very much thinking in terms of 'can you have a

Kenny Schachter

Das Schöne an Vitos Architektur ist, es gibt häufig nichts Festes; da gibt es nicht einfach nur eine Mauer, die die Grenze des Raumes vorgibt oder eine Tür, die festlegt, wo man hinein- und hinausgehen muss. Der von uns gemeinsam entwickelte Raum wirkte eher wie eine Architektursymphonie, die Wände bewegten sich, die verwandelten sich in etwas anderes.

Vito Acconci

Ganz offensichtlich stehen wir nicht allein mit dieser Haltung. Es gibt heute eine Menge Architekten, die uns interessant erscheinen: Foreign Office Architects, MVRDV oder Asymptote. Die Menschen denken sehr stark über die Frage nach: Gibt es einen Raum, der sich verschiebt? Dies ist eine topologische Welt, eine Computerwelt. Die Menschen denken eher in Kategorien sich verschiebender Grenzen, vielleicht weil es in vielen politischen Systemen auf der Welt derzeit einen Ruck in Richtung konservativ gibt, dies ist vielleicht das letzte Aufbäumen von Nationalismus. Bald haben wir eine Welt von Nomaden, in der es keine Län-

space that shifts?' It's a topological world, a computer world. People think more in terms of shifting boundaries, probably because so many political systems in the world are at their most conservative now, it's probably the last gasp of nationalism. We're heading for a world of nomads where countries don't exist anymore, so we desperately want to maintain boundaries, we desperately want to keep immigrants out. The more 'home' becomes a fluid, vanishing concept, the more we cling to it.

Lilian Pfaff

How do you distinguish Acconci Studio's from those of other architects?

Vito Acconci

Sometimes I think that so many people's work looks so much the same. And why is that? Is it for the horrible reason that we're all using the same computer programs? Or is there something in the air? Something in the air about this twisting, warping? Just like in the Renaissance when perspective was invented; everybody's drawings probably looked the

der mehr gibt, daher versuchen wir verzweifelt, Grenzen aufrecht zu erhalten, uns Einwanderer von Hals zu halten. Je fließender, schwindsüchtiger das Konzept ‚Heim' wird, desto stärker klammern wir uns daran.

Lilian Pfaff

Wie würdest du Acconci Studio von diesen anderen Architekten unterscheiden?

Vito Acconci

Manchmal stelle ich fest, dass die Arbeit von so vielen Architekten sehr gleich aussieht. Und warum ist das so? Steckt der erschreckende Grund dahinter, dass wir alle das gleiche Computerprogramm verwenden? Oder liegt etwas anderes in der Luft? Schwirrt dieses Drehen und Verwinden in allen unseren Köpfen herum? Wie in der Renaissance, als man die Perspektive erfand; die Arbeiten aller Zeichner sahen eine gewisse Zeit gleich aus, da noch niemand wusste, wie man diese neue Technik einsetzen konnte. Aber dann irgendwann findet man heraus, welches neue Denken mit dieser neuen Technik möglich wird.

same for a while because nobody knew how to use the new tool yet. Then eventually you find out what kind of new thinking is made possible by the new tool.

Kenny Schachter

The same thing applies to art. We're communally exposed to the same media, the same internet, books, magazines, and music, etc. Art reflects the times. So when you visit artists the world over, they could conceivably all make the same piece. And many times I have come across artists whether in different countries or different neighborhoods making the same exact art as someone else.

Vito Acconci

I was very conscious of that at the end of the 60s, the beginning of the 70s. Along with a number of people I knew in New York, I was doing stuff with my own body. The most important distribution engine was a number of little magazines that started at the same time, like *Avalanche* in New

Kenny Schachter

Gleiches gilt für die Kunst. Wir alle sind den gleichen Medien ausgesetzt, dem gleichen Internet, den gleichen Büchern, Zeitschriften, der gleichen Musik und so weiter. In der Kunst spiegelt sich die jeweilige Zeit wieder. Wenn man also Künstler auf der ganzen Welt besuchen würde, wäre es denkbar, dass sie alle das gleiche Objekt machen. Ich habe häufig Künstler in unterschiedlichen Ländern oder unterschiedlichen Kontexten getroffen, die genau die gleich Kunst wie ein anderer gemacht haben.

Vito Acconci

Ende der 60er Jahre und Anfang der 70er Jahre war mir das sehr bewusst. Wie eine Reihe von Leuten, die ich aus New York kannte, machte ich Sachen mit meinem eigenen Körper. Sehr wichtig war die Verbreitung durch eine Reihe kleiner Zeitschriften, die zur gleichen Zeit aufkamen, wie etwa *Avalanche* in New York. Das Beste daran war, mir wurde langsam klar, dass ich nicht verrückt bin. Vielleicht war das der Zeitgeist, etwas, das sich aus den Demonstrationen gegen den Vietnam Krieg entwickelte, und vielleicht war LSD der Katalysator, aber das zog mich nie wirklich an.

York. The best part of it was that you began to realize that you are possibly not crazy. Maybe it was the zeitgeist, something that came from demonstrations against the Vietnam War, and LSD might have been the agent, but I was never really attracted to that.

Kenny Schachter
Some of my friends did it.

Vito Acconci
The computer somehow seems analogous to LSD because it makes the same kind of movements. And you get more possible information than you ever could have had. You can use a computer program and you can have a line and suddenly this line starts to connect itself. This should actually be the most exciting time that ever existed. This should be a time that makes George Bush impossible.

Kenny Schachter
Ich habe davon gehört ...

Vito Acconci
Der Computer besitzt gewisse Parallelen zu LSD, da es die gleiche Art von Bewegungen sind. Und es stehen einem potentiell mehr Informationen zur Verfügung als je zuvor. Man kann ein Computerprogramm verwenden, eine Linie zeichnen und plötzlich beginnt diese Linie, sich mit sich selbst zu verknüpfen. Eigentlich sollte dies die aufregendste Zeit sein, die es je gab. Dies sollte eine Zeit sein, in der ein George Bush unmöglich ist.

Cristina Bechtler
Untergräbt der Computer nicht Hierarchien?

Vito Acconci
Das wäre für mich eindeutig ein Ziel, aber vielleicht nicht für jeden. Unser Büro möchte jegliche Hierarchie aufheben, da die Menschen dadurch mehr Optionen

Cristina Bechtler

Doesn't the computer also erode hierarchy?

Vito Acconci

For me that would be a goal, but maybe not for everybody. The studio wants to eradicate hierarchy because I think it gives people more choices. Architecturally speaking, that means that if you have a wall that is not necessarily a wall, it no longer separates inside and outside. You still might want to separate them, but you have a choice, it is not predetermined. If our architecture has a goal, it is about mixing, being simultaneously private and public, here and there. I am here and I can point, and as soon as I can point, I am here and there at the same time. It would be great if architecture could do that, if it could be here and possibly fly at the same time.

Kenny Schachter

Do you spend a lot of time on the computer yourself?

erhalten. Für die Architektur heißt das, wenn man eine Wand hat, die nicht notwendigerweise eine Wand ist, trennt diese nicht länger innen und außen. Vielleicht soll sie durchaus einmal diese Trennung sein, aber man hat die Wahl, es ist nicht vorbestimmt. Wenn unsere Architektur überhaupt ein Ziel hat, dann soll sie mischen, soll zugleich privat und öffentlich, hier und dort sein. Ich bin hier und kann auf etwas zeigen, und sobald ich das kann, bin ich hier und dort zugleich. Es wäre großartig, wenn Architektur das könnte, wenn sie hier wäre und vielleicht zugleich fliegen könnte.

Kenny Schachter

Verbringst du selbst viel Zeit am Computer?

Vito Acconci

Abgesehen von seiner Funktion als Schreibmaschine? Ja, ich google viel und hole so Informationen, aber ich nutze nicht diese Zeichenprogramme. Ich bin dabei, wenn die Leute aus dem Büro damit arbeiten. Ich mache Sachen, die Computermenschen hassen, ich berühre den Bildschirm, um zu zeigen, wohin man

Vito Acconci

Besides using it as a word processor? Yes, I google a lot to get information, but I don't use architectural programs. I'm there when people in the studio do things. I do things that people using computers hate, I touch the screen a lot, saying let's move it here, let's twist it here. I insert the unnecessary body into the computer world.

Lilian Pfaff

Before the computer, was your instrument more language or drawing?

Vito Acconci

Both, language and drawing. But the kind of drawing that nobody could possibly understand except me. Although, when people had worked for the studio for 3, 4, or 5 years, they totally understood what nobody else could understand. Even hand movements. I started to realize that am I embedded in the notion that the only way to think is through language. Then I noticed that I used my hands a lot. I was going from verbal thinking

etwas verschieben soll oder wie man es drehen könnte. Ich bringe den nicht mehr notwendigen Körper in die Welt der Computer ein.

Lilian Pfaff

Hast du vor dem Computer eher Sprache oder Zeichnung als Medium eingesetzt?

Vito Acconci

Sowohl Sprache als auch Zeichnung. Aber es waren Zeichnungen, die niemand außer mir wirklich verstehen konnte. Wobei ich sagen muss, diejenigen, die drei, vier oder fünf Jahre im Büro gearbeitet haben, verstanden ganz genau, was niemand sonst verstehen konnte. Sogar Handbewegungen. Irgendwann wurde mir langsam klar, dass ich recht festgelegt bin und die einzige Art und Weise, wie ich denke, über die Sprache geht. Und dann merkte ich, dass ich meine Hände sehr häufig gebrauchte. Also entwickelte ich mich vom verbalen Denken zum räumlichen Denken.

Lilian Pfaff

Können die Architekturprojekte ohne Texte existieren?

to spatial thinking.

Lilian Pfaff
Can the architectural projects exist without the texts?

Kenny Schachter
He wanted to put all those descriptions to use, all those great descriptions he has written for just about everything that has emanated out of the studio. Sometimes I think that all the actual art, the photo/text pieces, the performances, the sculptures, and installations were all just excuses to write about the art. The works are merely illustrations for the text!

Vito Acconci
I'm not sure. Yeah, they might be. But they are fiction, I think. Recently we made a few, when we applied for some open architectural competitions and where you are not supposed to send a proposal first. Then I do a text that comes before we have tried to draw anything. I think those are

Kenny Schachter
Er wollte all diese Nutzungsbeschreibungen, all diese großartigen Beschreibungen, die er für einfach alles aus seinem Büro geschrieben hat, anbringen. Manchmal glaube ich, all diese konkrete Kunst, die Foto/Text-Objekte, die Performances, die Skulpturen und Installationen sind nur Vorwand, um über Kunst zu schreiben. Die Objekte sind nur die Illustrationen für den Text!

Vito Acconci
Da bin ich mir nicht sicher. Ja, sie sind es vielleicht. Aber sie sind Fiktion für mich. Kürzlich texteten wir ein wenig, als wir uns für einen offenen Architekturwettbewerb bewarben, bei dem man nicht zuerst einen Vorentwurf einschicken sollte. In diesem Fall machte ich den Text, bevor wir irgendetwas zeichneten. Ich glaube, das sind einige meiner besten Texte.

Lilian Pfaff
Kannst du uns ein konkretes Beispiel geben?

some of the best texts I have written.

Lilian Pfaff
Can you give us a concrete example?

Vito Acconci
A kind of brief fiction about: what if such and such would happen. We applied for a competition about building a research station in Antarctica—we weren't even chosen to make a proposal—but it started with me trying to get a notion of what this project could be. It started with language saying: come into the dark. This is a place where you have very, very little light, so when there is light, it's sort of all white, because it's all ice. So we have darkness and ice. What do you do? You can't really build there, because of the snow; there are no foundations. So you have a building that would try to surf the ice, the way you would surf water. And it's all black and white. I might not work it out as extensively as that but it probably would start with a very, very short story.

Vito Acconci
Es ist eine Art kurze Geschichte darüber, was wäre, wenn das und das geschehen würde. Wir bewarben uns für einen Wettbewerb für den Bau einer Forschungsstation in der Antarktis – wir wurden nicht einmal für einen Vorentwurf eingeladen –, aber zunächst wollte ich mir eine Vorstellung davon machen, wie dieses Projekt aussehen könnte. Es begann mit Sprache und lautete: Komm ins Dunkle. Dies ist ein Ort, an dem es sehr, sehr wenig Licht gibt, und wenn es Licht gibt, ist dieses immer irgendwie weiß, weil alles dort aus Eis ist. Somit haben wir Dunkelheit und Eis. Was macht man jetzt? Man kann wegen des Schnees dort eigentlich nicht bauen; es gibt keine Fundamente. Somit braucht man ein Gebäude, das irgendwie auf dem Eis gleiten sollte, wie ein Wellenreiter auf dem Wasser gleitet. Und immer dieses Schwarz und Weiß. Ich arbeite es jetzt nicht so sehr aus, aber so würde eine sehr, sehr kurze Geschichte beginnen.
Ein weiteres Beispiel hat mit dem Kleidungsprojekt und einer Art Utopia zu tun. Sarina schrieb einen kleinen, eher theoretischen Text über einen Ort, der No-Men-Land genannt wird, und für sie hatte dieser etwas mit den Kleidern zu tun, und sie wollte, dass ich einen Text schreibe, der mehr wie eine Geschichte klingt. Her-

Another example is related to the clothing stuff and some kind of utopia. Sarina wrote a little, kind of theoretical text about a place called No-Men-Land and she thought that it was connected to the clothing and she wanted me to write a more story-like text. What came out was a fiction about a place that could either be called No-Men-Land or No-Land. There were certain problems, the women could leave No-Men-Land/No-Landfor a while and could go to this other land to get pregnant. So they developed a system, a kind of code consisting of all sorts of different flowers, so if you wanted to get pregnant you got one of these flowers and you would insert the flower. A rather long story that doesn't seem totally or at all connected to the clothing we've done so far. But it will probably lead to something. It's a good basis.

Lilian Pfaff
Writing is important to you too, Kenny.

Kenny Schachter
I write about very different things, never in the sense of a critic, just the

aus kam dabei eine Erzählung über einen Ort, den man entweder No-Men-Land oder No-Land nennen könnte. Es gab dort gewisse Probleme, die Frauen konnten No-Men-Land/No-Land für eine Zeitlang verlassen und in dieses andere Land gehen, um schwanger zu werden. Also entwickelten sie ein System, eine Art Blumencode aus unterschiedlichen Blumen, und wenn man schwanger werden wollte, bekam man eine dieser Blumen und führte sie sich ein. Es ist eine ziemlich lange Geschichte, die wohl nicht allzu viel oder sogar überhaupt nichts mit den Kleidern, die wir bislang entworfen haben, zu tun hat. Aber vielleicht führt sie zu etwas. Sie ist auf jeden Fall eine gute Basis.

Lilian Pfaff
Kenny, für dich ist Schreiben auch wichtig.

Kenny Schachter
Ich schreibe über sehr verschiedene Dinge, es sind aber nie Kritiken, es sind soziologische Themen, Dinge, die heute in der Welt der Kunst oder in deren wirtschaftlichem Umfeld geschehen – einfach die Art und Weise, wie die Dinge ablaufen. Und

sociological things that happen now in the art world or the economics of it—just the way things function. And then more personal things, it just covers the gambit. But your texts, your voice is much more important. It was an indispensable part of all your early works and it also figures audibly in the retrospective in Nantes.

Vito Acconci

It is all over the place, my voice is everywhere, you hear it from monitors and from speakers. Corinne Diserens is right, the basis of my work is language, and maybe voice even more so. Because there is a real difference between spoken language and written language. Written language you look at, spoken language is the beginning of architecture …

Cristina Bechtler

When does the spoken language begin to become architecture?

dann auch noch über eher persönliche Dinge, es ist einfach Liebhaberei. Aber deine Texte, deine Stimme ist weitaus bedeutender. Sie war fester Bestandteil all deiner früheren Arbeiten und ist hörbarer Bestandteil der Retrospektive in Nantes.

Vito Acconci

Meine Stimme ist einfach überall, man hört sie an den Monitoren und aus Lautsprechern. Corinne Diserens hat Recht, die Basis meiner Arbeit ist Sprache, und vielleicht sogar noch mehr die Stimme. Gesprochene Sprache und geschriebene Sprache unterscheiden sich einfach. Geschriebene Sprache schaut man an, gesprochene Sprache ist der Beginn von Architektur ...

Cristina Bechtler

Wann beginnt gesprochene Sprache zu Architektur zu werden?

Vito Acconci

Gesprochene Sprache gab es natürlich schon vor der geschriebenen Sprache. Aber die geschriebene Sprache ist eigentlich ein Äquivalent von Kunst, sie befin-

Vito Acconci

Obviously spoken language came before written language. But written language is almost the equivalent of art, it is in front of you. Maybe I can get at this in a roundabout way because it also has to do with what my resistance to art was from the beginning. In art, in spite of different attempts to nudge tradition, the standard of art, the convention of art is that the viewer is here and the art is there. So the viewer is always in a position of desire, you look at what you don't have; you don't have it in your hands. Because you don't have it in your hands, that position of desire is a position of frustration. I think a long time ago I began to do art because of resentment to do-not-touch signs in a museum. There is a reason for do-not-touch signs, but still, they imply that art is more expensive than people. Just as when we do architecture: we think of architecture as an occasion for people, yes, it is made out of forms, it is made out of shapes, but they are secondary, they only give people a place to do actions, do events.

det sich vor einem. Vielleicht sollte ich ein wenig ausholen, denn dies hat auch etwas mit meinem Widerstand gegen Kunst von Anfang an zu tun. In der Kunst herrscht, trotz aller Versuche, die Tradition über Bord zu werfen, die Konvention, dass der Betrachter hier und die Kunst dort ist. Somit nimmt der Betrachter immer eine wünschende Rolle ein, er schaut auf etwas, das er nicht hat; er hält es nicht in seinen Händen. Und da er es nicht in seinen Händen hält, ist diese Position begleitet von Frustration. Ich habe wohl vor vielen Jahren begonnen, genau wegen dieses Hasses auf jene Bitte-nicht-berühren-Schilder in Museen Kunst zu machen. Es gibt einen Grund für diese Bitte-nicht-berühren-Schilder, und egal wie, sie suggerieren, dass Kunst wertvoller ist als Menschen. Anders dagegen die Architektur: Für uns ist Architektur eine Gelegenheit für die Menschen, ja, sie setzt sich aus Formen aller Art zusammen, aber diese sind sekundär, sie bieten den Menschen nur einen Ort für ihre Aktionen, Ereignisse.

Cristina Bechtler

Hast du jemals deine Gedichte veröffentlicht?

Cristina Bechtler

Did you ever publish your poetry?

Vito Acconci

Yes. In some little magazines. MIT is putting out a book on the poetry now.

Cristina Bechtler

Do you still write?

Vito Acconci

I always write. I always assumed that when you do a piece, you do a description of the piece. Obviously other people don't do that. Sometimes I wonder, do I go through all this effort just for a half-page description. The problem is writing is still the most important thing to me. I don't think anything is done until it's written, until it's in words.

Vito Acconci

Ja. In einigen kleinen Zeitschriften. MIT wird jetzt einen Gedichtband herausbringen.

Cristina Bechtler

Schreibst du immer noch?

Vito Acconci

Ich schreibe immer. Für mich gehörte es schon immer dazu, zu einem Objekt auch eine Beschreibung mitzuliefern. Offensichtlich machen andere das nicht. Manchmal frage ich mich, ob eine halbseitige Beschreibung all die Mühe wert ist. Das Problem ist, Schreiben ist immer noch das Wichtigste für mich. Für mich ist etwas erst fertig, wenn es niedergeschrieben, in Worte gefasst ist.

Cristina Bechtler

Aber Schreiben ist eher etwas Immaterielles, Sprache ist virtueller als alles andere …

Vito Acconci

Ja, aber als ich Gedichte schrieb, versuchte ich verzweifelt, Worte zu Materie werden zu lassen, sie zu materialisieren. Das war nicht von anderen Schriften inspi-

Cristina Bechtler

But writing is kind of immaterial, language is more virtual than anything else...

Vito Acconci

Yes, but when I was writing poetry, I was trying desperately to make words be matter, to make words be material. That came not from other writing, but from Jean-Luc Godard movies. There would always be a statement and then all of a sudden the camera would zoom in to the middle, so in the middle of the world you get another world. What interested me in language was the amazing indefiniteness of it, because in almost every world you can find a little world that probably contradicts the big world.

Kenny Schachter

If you consider your architecture as falling somehow within your oeuvre, it is a continuum from your early work to what you are doing now. And I

riert, sondern von Jean-Luc Godards Filmen. Darin gab es immer eine Aussage und plötzlich fuhr die Kamera mitten hinein, so fand man in der Mitte der Welt eine neue Welt. Was mich an Sprache interessierte, war deren erstaunliche Unbestimmtheit, denn in fast jeder Welt findet man eine kleine Welt, die vielleicht im Widerspruch zur großen Welt steht.

Kenny Schachter

Wenn man deine Architektur als Teil deines Gesamtwerks sieht, so gibt es eine durchlaufende Linie von deinen frühen Arbeiten zu dem, was du heute machst. Und für mich ist es erstaunlich, wie du dich immer ganz bewußt für die unbequemen, unsicheren Optionen entscheidest ...

Vito Acconci

Ich wuchs nicht mit der Vorstellung auf, ich sei ein Künstler, ich dachte immer, ich sei ein Schriftsteller. Schreiben ist etwas ganz anderes. Du denkst nicht an Dinge, für dich ist ein Buch kein Ding. Natürlich besitzt die Erstausgabe eines Buches einen gewissen Wert, aber das ist ein Marktwert. Ich glaube, beim Schreiben denkst du, dass etwas an die Leser vermittelt wird. Vielleicht existiert die Vor-

think it's amazing how you are always pushing yourself into uncomfortable, unsafe choices …

Vito Acconci

I didn't grow up thinking I was an artist, I grew up thinking I was a writer. There is a very different notion with writing. You don't think of things, you don't think of a book as a thing. Ok, maybe the first edition of a book has some kind of value, but that's a marketplace value. I think with writing you just think something is going to be distributed to readers. So the notion of a thing that exists probably doesn't exist in the mind of a writer. I don't think I have ever thought in those terms.

Kenny Schachter

What did your dad do?

Vito Acconci

My father was a bathroom manufacturer in a very impoverished business.

stellung einer Sache, die es tatsächlich gibt, im Kopf eines Schriftstellers gar nicht. Ich glaube nicht, jemals so gedacht zu haben.

Kenny Schachter

Was war dein Vater?

Vito Acconci

Mein Vater stellte Badezimmer in einer sehr heruntergekommenen Firma her. Ihm bedeutete Geld nichts. Ich habe alles von meinem Vater gelernt. Ich lernte, wie man Niederlagen einsteckt, aber ich wuchs auch mit der Sicherheit auf, dass ich auf jeden Fall irgendetwas Künstlerisches machen werde. Ich wusste vielleicht nicht, ob es Kunst, Musik, Schreiben sein würde, aber dies war das einzige Ziel in der Welt meines Vaters. Das Einzige, das für meinen Vater wichtig war, war Musik, Kunst, Literatur, meist nur italienische Kunst, Musik und Literatur, aber immerhin. Mein Vater und ich gingen jeden Sonntag ins Metropolitan Museum, als ich sechs Jahre alt war, kannte ich schon fast alles von Puccini, von Verdi, es wurde mein zweites Ich. Da mein Vater mit 11 Jahren in die USA kam, war er besessen

He was totally unaware of money. I learned everything from my father. I learned how to fail but I also grew up with the assumption that there was no question that I was going to do something artistic. Maybe I didn't know if it was going to be art, music, writing, but that was the only goal in my father's world. The only thing that was important to my father was music, art, literature, usually only Italian art, music and literature, but at least. You know, my father and I went to the Metropolitan Museum every Sunday, I saw most of Puccini, most of Verdi by the time I was six years old, it was second nature to me. Because my father came to the United States at the age of 11, he became obsessed with the English language and American language. So at the same time that he read Dante to me, he read Cole Porter lyrics, because Cole Porter lyrics were full of puns. So everything in my language came from my father. My father was constantly writing puns: The lord said to Saint Peter, come forth, but Peter came fifth, so he lost the race. A honeymoon salad is lettuce alone. And then he said: quite, mayonnaise is dressing. So I grew up in a world of playing with words. It was somehow privileged, even though it was very impoverished. But I did-

von der englischen Sprache und von der amerikanischen Sprache. Und so las er mir Dante vor, aber selbst las er Gedichte von Cole Porter, da dessen Gedichte voller Wortspiele sind. Alles in meiner Sprache kommt daher von meinem Vater. Mein Vater schrieb ständig Wortspiele: „The lord said to Saint Peter, come forth, but Peter came fifth, so he lost the race. A honeymoon salad is lettuce alone. And then he said: quite, mayonnaise is dressing." Ich wuchs also in einer Welt der Wortspiele auf. Das war, obwohl wir recht arm waren, doch etwas wirklich Besonderes. Aber mir war das als Kind nicht bewusst, ich wuchs auf wie ein italienischer Prinz in einer sehr armen Familie. Erst später wurde mir das alles klar, und ich fragte mich, warum esse ich zu anderen Zeiten als meine Mutter und mein Vater. Weil ich aß, und sie nicht. Weil ich anderes Essen bekam. Ich hasse und liebe die Art, wie ich aufgewachsen bin. Ich bin entsetzt, dass ich so blind war und nicht erkannte, dass alles nur für mich gemacht wurde. Ich aß Steaks und meine Familie aß irgendwas. Ich erinnere mich an den Kindergarten, als sie den Kindern dort versuchten beizubringen, wie man seine Schuhe bindet; ich antwortete, „Warum soll ich meine Schuhe binden? Das macht meine Mutter für mich." Das ist geradezu symptomatisch für die Art, wie ich aufwuchs. Ich glaube nicht, dass wir damals viel über Architektur nachgedacht haben. Wichtig ist in diesem

n't realize it, I was an only child, I grew up like an Italian prince in the middle of a very poor family. It only occurred to me later to wonder "why do I eat at a different time than my mother and father?" Because I ate, and they didn't. Because I ate a different kind of food. I hate and love the way I grew up. I am appalled that I was so blind to the fact that everything was done for me. I ate steak and my family ate who knows what. I remember in kindergarten when they were trying to teach kids how to tie their shoes, my response was "why should I tie my shoes? My mother ties them for me." That is amazingly symptomatic for the way I grew up. I don't think we thought very much about architecture at the time. It was probably significant that I grew up in New York. I was a teenager in New York at a time when the Mies van der Rohe's Seagram Building was being built, and Frank Lloyd Wright's Guggenheim was being built around the corner from my high school. Obviously that did something. Especially because Frank Lloyd Wright's Guggenheim was three blocks away from the Metropolitan Museum. So I saw everything at once and Central Park was in the middle.

Zusammenhang vielleicht, dass ich in New York aufwuchs. Ich war ein Teenager in New York zu einer Zeit, als Mies van der Rohes Seagram Building gerade gebaut wurde und Frank Lloyd Wrights Guggenheim ganz in der Nähe meiner High School entstand. Offensichtlich bewirkte das etwas. Insbesondere weil Frank Lloyd Wrights Guggenheim nur drei Blocks vom Metropolitan Museum entfernt war. So sah ich alles auf einen Blick und der Central Park war in der Mitte.

Kenny Schachter

Ich wuchs in einem sehr behüteten Vorstadtmilieu auf und hatte praktisch keinerlei Kontakt zu Kunst oder den Institutionen, die sie vertreiben. Aber meine Mutter hatte eine sehr kreative Ader, und bis heute sehe ich ein Bild vor mir, wie sie, als ich noch sehr klein war, direkt auf unsere Kellerwand ein Bild malte. Mein Vater war eher ein Unternehmer, er arbeitete in der Textilbranche, und ich erinnere mich noch, wie er schon sehr früh in den 1970er Jahren vor Computerausdrucken saß und sich bunte Namen für Teppichrollen, wie Wüstensand oder so, ausdachte. Meine frühesten Erinnerungen an meine ersten kunstähnlichen Aktivitäten sind, dass ich ständig Zeitschriften durchstöberte, Bilder ausschnitt und sie

Kenny Schachter

I grew up in a very sheltered suburban setting with utterly no exposure to art or the institutions that disseminate it. However, my mother was creative in the everyday aspects of life, and to this day, I have an image of her painting a mural directly on the wall in our basement when I was very small. My father, who was more entrepreneurial, was in the textile business and I also distinctly remember him with early computer printouts in the 1970s as he sat down for hours conjuring colorful names for rolls of carpet such as Desert Sands, and the like. My earliest memories of my own art-like activities involve constantly rifling through magazines and cutting pictures and applying them directly to my wall that was comprised of corkboard. Such a cutting-and-pasting editing process is not altogether dissimilar to the act of curating. Throughout university, while studying philosophy, and later in law school, my intent was to become a fashion designer as I had no cognizance of the art world and my aim was to marry the creative and entrepreneurial. While I was in college, I regularly visited the East Wing of the Smithsonian Institution in Washington D.C. From that point

direkt an meine Korkwand heftete. Dieses Ausschneiden und Anheften enthält viele Elemente der Arbeit eines Kurators. Während meiner Zeit an der Universität, als ich Philosophie studierte, und später auch an der juristischen Fakultät wollte ich immer Modedesigner werden, da mir die Welt der Kunst vollkommen unbekannt und mein Ziel die Verbindung des kreativen mit dem unternehmerischen Denken war. Als ich auf dem College war, besuchte ich regelmäßig den Ostflügel der Smithsonian Institution in Washington D.C. Von da ab versuchte ich, meine Karriere in der Kunst aufzubauen.

Lilian Pfaff

Du bist dann also nicht wie Vito in New York aufgewachsen?

Kenny Schachter

Ich lebte in den Suburbs über zwanzig Kilometer außerhalb von New York. Vito hatte eine ganz besondere Beziehung zu seiner Familie. Meine Mutter starb an Krebs, als ich dreizehn war, mein Vater war immer geschäftlich unterwegs und hatte mit seinem Leben genug zu tun. Meine Eltern waren zu sehr mit sich selbst

forward I virtually launched my career in art on the spot.

Lilian Pfaff
So you didn't grow up in New York like Vito?

Kenny Schachter
I was in the suburbs 15 miles outside of New York. Vito had a family relationship that was extraordinary. My mother passed away from cancer
when I was 13, my father was just busy with business and his own life.
My parents were basically too preoccupied to concentrate on developing
interests in their children, so there wasn't much encouragement. I didn't
know there was such a thing as an art gallery until the late 80s. I am like
an idiot savant in what I do.

Cristina Bechtler
Did this have any impact on your current way of working?

beschäftigt, es gab nicht viel Unterstützung. Erst in den späten 80er Jahren
erfuhr ich, dass es so etwas wie eine Kunstgalerie gibt. Ich bin wie ein Idiot
Savant [ein geistig Retardierter mit Inselbegabung] bei dem, was ist tue.

Cristina Bechtler
Hatte dies irgendeine Auswirkung auf deine gegenwärtige Arbeitsweise?

Kenny Schachter
Vielleicht sehe ich in Galerien, die ich für träge und autoritär halte, in gewisser
Weise meinen Vater! Da ich nicht von der Galeriekultur durchdrungen war, hatte
ich ein Vakuum in der Art und Weise, wie ich Kunstprojekte durchführte. Ich war
nicht vorbelastet mit einer bestimmten Vorstellung, wie man sich in einer Galerie
verhält und wie nicht.

Lilian Pfaff
Als du mit Architektur begonnen hast, hast du Architektur als Sprache in einem
postmodernen Sinn untersucht, damit war dein Ansatz in gewisser Weise semio-
tisch. Wo stehst du hinsichtlich dieses Ansatzes heute?

Kenny Schachter

Maybe the way I view galleries as stagnant and authoritarian is a stand in for a father figure! Really, not having been steeped in the culture of galleries resulted in a kind of empty cabinet in my approach to doing art projects, I had no baggage associated with how to act and not act in and around galleries.

Lilian Pfaff

When you first started doing architecture, you explored architecture as language in a postmodern sense, so your approach was semiotic in a way. Where do you stand in that respect today?

Vito Acconci

Architecture is always some kind of sign. I don't think image is the most important part of architecture, but the image is there and, for example, whatever doubts I have about Gehry's Bilbao, he did make a sign for the city.

Vito Acconci

Architektur war schon immer eine Art Zeichen. Ich glaube nicht, dass das Bild das wichtigste Element in der Architektur ist, das Bild ist vielmehr da; zum Beispiel – unabhängig von den Zweifeln, die ich gegenüber Gehrys Bau in Bilbao hege – er schuf ein Zeichen für die Stadt.

Kenny Schachter

Ich habe nur Bedenken hinsichtlich der Innenräume, die aussehen wie ein postmodernes Bürogebäude. Es sind so viele unterschiedliche Materialien vermischt, das Glas, die Farbe mauve; alles sieht letztlich aus wie in einem typischen Bürogebäude an der Madison Avenue. Aber außen, wenn man es zum ersten Mal von der Straße aus sieht, wirkt es wie vom Mars heruntergefallen. Unglaublich.

Vito Acconci

Innen und außen besitzen keine Verbindung miteinander. Die Außenseite von Architektur sollte nicht nur reflektieren. Es ist hart, gegen Fassaden zu sein. Ich habe mich zum Beispiel bis vor kurzer Zeit noch sehr schwer mit Herzog & de

Kenny Schachter

My only misgiving is that the interior looks like a postmodern office build-ing. There are all these mixed, disparate materials, the glass, mauve color-ing; it ends up looking like a typical office building on Madison Avenue. But outside, when you first lay eyes on it from the street, it looks like it was dropped there from Mars. It's incredible.

Vito Acconci

The inside and the outside have no connection with each other. The out-side of architecture should do more than reflect. It's hard to be against façade. For example, until very recently I had a hard time with Herzog & de Meuron. They made great façades, but I wasn't so interested. Now I think they've gone beyond that a little bit. The first building I ever saw of theirs was in Basel, in the early 90s maybe. They had done an addition to an old building. It was of glass but they continued the glass across the old building, too. It was a very simple, but really nice way of joining something older and something newer. I think it was just an office build-

Meuron getan. Sie machten großartige Fassaden, aber es interessierte mich nicht sehr. Heute glaube ich, sind sie einen Schritt weiter. Das erste Gebäude, das ich von ihnen sah, steht in Basel und stammt wohl aus den frühen 90er Jahren, ein Anbau an ein altes Gebäude. Er war aus Glas, aber sie zogen das Glas auch über das alte Gebäude. Das war eigentlich ganz einfach, aber wirklich eine gute Idee, etwas Älteres und etwas Neueres zu verbinden. Ich glaube, es war einfach ein Bürogebäude [SUVA-Gebäude, 1991]. Trotzdem war ich gegen Fassaden, und darum geht es bei den meisten dieser Objekte eigentlich immer. Für mich bestand ein Objekt immer aus einem Gegenstand oder einem Vehikel, einer Schaukel, einem Fahrrad und eine Person sitzt auf diesem Gegenstand oder in dem Vehikel. So entsteht ein Schutzraum, eine Art Architektur. Aber Architektur ist Zeichenträger, das Haus mit der amerikanischen Flagge auf der einen Seite, das Haus mit der sowjetischen Fahne auf der anderen Seite. Venturi war in dieser Zeit sehr wichtig für mich, die Vorstellung einer dekorierten Hütte, dem Haus als Reklametafel. Es ergaben sich Probleme mit dieser Haltung, aber das war wohl meine Art, mich den 80er Jahren zu stellen, was nicht ganz leicht war.

ing [SUVA-Building 1991]. Still, I was against façades and that's what
many of those pieces were really about. The way I thought of a piece
then was that it consists of an instrument or a vehicle, a swing, a bicy-
cle, and a person sits on the instrument or the vehicle. That makes a
shelter, a kind of architecture. But the architecture carries a sign,
American Flag House on one side, Soviet Flag House on the other side.
Venturi was really important to me at that time, the notion of the house
as a decorated shed, the house as a billboard. There were problems with
that view, but then it was probably my way of facing the 80s, which was
very difficult.

Lilian Pfaff
How did your interest in architecture actually originate?

Vito Acconci
It probably started around the early to mid-80s; I began thinking I was
more interested in architecture that in art. I was making models for proj-

Lilian Pfaff
Woher kommt eigentlich dein Interesse an Architektur?

Vito Acconci
Das begann ungefähr Anfang bis Mitte der 80er Jahre; mir wurde langsam klar,
dass ich mich mehr für Architektur als für Kunst interessiere. Ich baute Modelle
für Projekte und merkte, dass es in diesen Modellen immer kleine Figuren gab,
während es diese bei anderen Modellen, die ich kannte, nur selten gab. Und für
mich dienten sie nicht als Darstellung des Maßstabs, sondern um zu zeigen, wie
zwei oder drei Menschen sich dort treffen oder wie große Gruppen dort
zusammenkommen können. Ich wollte Räume, in denen sich die Menschen
bewegen können. Immer mehr wurde mir klar, dass ich eine Architektur machen
wollte, aus der sich die Menschen herausbewegen können – in der die Menschen
fast wie ein Schwarm in dem Gebäude sind, so dass es aufbricht. Mein Ziel in der
Architektur ist wohl ein Aufbrechen des Gebäudes.

ects and realized that the models always had little figures in them while other models I'd seen very rarely had figures. And I wasn't using them to show scale, but rather to show how two or three people can gather here or how large groups of people can gather there. I wanted places where people can move. More and more I realized that I wanted to make an architecture that people could move out of—where people could act almost as swarms inside a building so that the building would break. I think that my goal in architecture is that the building breaks.

Lilian Pfaff

But you are not actually destroying architecture; it's more that visitors can put together and take apart their houses themselves, like *Instant House*.

Lilian Pfaff

Aber du zerstörst nicht wirklich Architektur; eher können sich die Besucher zusammentun und ihre Häuser selbst auseinandernehmen, wie bei *Instant House*.

Vito Acconci

Ich möchte, dass die Menschen wichtiger sind als die Architektur.

Frank O. Gehry, Guggenheim Museum Bilbao, 1991–97

Vito Acconci

I want the people to be more powerful than the architecture.

Kenny Schachter

In my case, I'm more interested in people off the street, in people having more of an impact on what gets seen, how it gets seen and experienced.

Lilian Pfaff

That makes me think of *Courtyard in the Wind*. There you are totally exposed. You are in the middle of a courtyard but the architecture is moving, so you, as a user, have no control. That differs from what you said before.

Kenny Schachter

There are two concentric circles set within the landscape that run counter to each other according to the strength of the wind which is measured atop a building. So you can be having a conversation with someone and

Kenny Schachter

In meinem Fall bin ich mehr an den Leuten draußen auf der Straße interessiert, daran, dass die Menschen stärker darauf einwirken können, was dargeboten wird, wie es dargeboten und aufgenommen wird.

Lilian Pfaff

In diesem Zusammenhang fällt mir *Courtyard in the Wind* ein. Hier ist man vollkommen bloßgestellt. Man befindet sich mitten in einem Innenhof, aber die Architektur bewegt sich, damit hat man als Nutzer keinerlei Kontrolle. Das ist das Gegenteil zu dem, was du eben gesagt hast.

Kenny Schachter

Es gibt zwei konzentrische Kreise in der Landschaft, die entsprechend der Windstärke, die auf dem Dach eines Gebäudes gemessen wird, gegeneinander laufen. So unterhält man sich mit jemanden, der Wind weht und man ist drei Meter entfernt von der Person und dem Ort, an dem man gerade gesprochen hat.

then the wind blows and you'll be 10 feet away from where you were initially talking and the person you were talking to.

Vito Acconci

Yes, it's the user's control. There is really no user. You're being used by the architecture. That's probably why a lot of people like that piece. To me, even though it wasn't built long ago, it seems more like art than architecture. Maybe because it's a kind of closed system. Something up here produces the energy, with which something down here works. It doesn't spread. It seems almost like an object. Initially it wasn't just a circle in this

Vito Acconci

Ja, es geht um die Kontrolle des Benutzers. Doch es gibt in Wirklichkeit keinen Nutzer. Man wird von der Architektur benutzt. Darum mögen vielleicht sehr viele Leute dieses Objekt. Für mich ist es, obwohl es vor nicht allzu langer Zeit entstand, wohl eher Kunst als Architektur. Vielleicht weil es ein geschlossenes System ist. Irgendetwas hier oben produziert Energie, mit der etwas da unten funktioniert. Es hat keine Außenwirkung. Es erscheint wie ein Objekt. Anfangs war es nur ein Kreis in diesem kleinen Garten, es bestand nur aus dem Garten.

Lilian Pfaff

Das war eine Art von Bewegung. Es gibt andere Projekte, wie das Projekt in Tokio, bei denen Bewegung ebenfalls wichtig ist.

Vito Acconci, Instant House, 1980

little garden, it was the whole garden.

Lilian Pfaff

That was one kind of movement. There are other projects like the Tokyo project where movement is important.

Vito Acconci

Yes, it was a walkway into a subway station, and kind of sheltered because there were so many tall buildings around. They told us that people were going to be overwhelmed by the tall buildings, so we needed some kind of screening system. We tried to do something that acted almost like a shell over the walkway. It is made of metal, like Venetian blinds, so you can still see the buildings, but they're almost in fragments, and flickering, like a movie, even though nothing's really moving. We actually did want to make it move physically but they stopped us. There were legitimate fears, what if these parts move, what if somebody puts their hands there? So it has become a representation of movement and not movement itself. At

Vito Acconci

Ja, es war eine Brücke zu einer U-Bahn Station, mit einer gewissen Überdachung, weil sie von so vielen hohen Gebäuden eingeschlossen ist. Man sagte uns, dass die Menschen sich von den hohen Gebäuden wie erschlagen fühlten, also brauchten wir eine Art Abschirmung. Unser Ansatz war, etwas Schalenförmiges über den Gang zu legen. Es besteht aus Metallelementen wie Jalousien, so dass man immer noch die Gebäude sieht, aber nur noch Fragmente davon, die wie in einem Film flackern, obwohl sich in Wahrheit nichts bewegt. Wir wollten eigentlich, dass sich die ganze Sache tatsächlich bewegt, aber dafür gab es keine Genehmigung. Es gab berechtigte Befürchtungen, was geschehen könnte, wenn sich die Teile bewegen und jemand seine Hand hineinbekommt. Also gibt es Bewegung nur symbolhaft und nicht real. Zumindest die Spiegelungen sind gut, aber alles ist statisch. Das Thema ist Bewegung, aber es ist nicht selbst in Bewegung.

Lilian Pfaff

In deinen neuen Arbeiten, wie dem Skateboard Park in San Juan, arbeitest du mit Bändern, wie dem Möbiusschen Band.

Courtyard in the Wind, Munich, 1997–2000

least the reflections are good but it's static. It's about motion, but it's not motion itself.

Lilian Pfaff
In your new pieces, like the Skateboard Park in San Juan, you work with strips, like the Moebius strip.

Vito Acconci
The site is right next to water, right next to the ocean in San Juan. There are three [hill, tableau & ramp] high points on the site, there is a restaurant and there is a pedestrian ramp over the restaurant. As you come down from the pedestrian ramp, there is a cone-shaped hill on one side of the path and a slope that goes up to a kind of tableau on the other, and the ocean is here. We started our skate park on this pedestrian ramp. You walk in the middle and you have skate ramps on the side. They come down, they go up into the air, and they cross on top of pedestrians. We tried to do something that probably every pedestrian hates:

Vito Acconci
Das Grundstück befindet sich direkt am Wasser, direkt am Meer in San Juan. Es gibt drei Hochpunkte (Hügel, Plateau und Rampe) auf dem Gelände, es gibt ein Restaurant und eine Fußgängerrampe über dem Restaurant. Wenn man die Fußgängerrampe herunterläuft, ist ein kegelförmiger Hügel auf einer Seite des Wegs und ein Hügel, der zu einer Art Plateau führt, auf der anderen Seite, und da ist das Meer. Wir begannen unseren Skate-Park auf dieser Fußgängerrampe. Man läuft in der Mitte und an den Seiten sind die Skaterrampen. Sie gehen auf und ab und kreuzen sich über den Fußgängern. Wir wollten etwas machen, das vielleicht jeder Fußgänger hasst: nämlich Skateboarder und Fußgänger im gleichen Raum. Während man also läuft, befinden sich Skateboarder über einem.

Kenny Schachter
Es hat einen willkürlichen Aspekt, sie bewegen sich, ohne sich dessen überhaupt bewusst zu sein.

Screens for a Walkway between Buildings & Buses & Cars, Tokyo, 2000

namely, skateboarders and pedestrians in the same space. So as you're walking, skateboarders are skating above you.

Kenny Schachter

It has a volitional aspect, they move without even being aware.

Vito Acconci

I think that there is some kind of validity in a place that allows movement for others. But there's a problem—and we brought it up with *Courtyard in the Wind*—when the place moves, then the people don't have to.

Kenny Schachter

You'll find some failures, some intrinsic thing that you are unhappy with, which seems to be the case in every one of your undertakings, a deprecating outlook without regard really to the true merits of the projects.

Vito Acconci

Für mich hat ein Ort, der anderen Bewegung gestattet, eine gewisse Berechtigung. Aber da gibt es ein Problem – bei *Courtyard in the Wind* haben wir uns damit befasst –, wenn sich der Ort bewegt, dann müssen es die Menschen nicht tun.

Kenny Schachter

Du findest immer einige Fehler, etwas Wesentliches, mit dem du nicht zufrieden bist, das es bei allen Unternehmungen gibt, eine entmutigende Herangehensweise, die keine Bewertung der tatsächlichen Verdienste eines Projektes zulässt.

Vito Acconci

Wie immer gab es gewisse Dinge, die wir nicht machen konnten. Die Gesetze der Vereinigten Staaten erlauben nicht, dass es so etwas über dem Meer gibt, aber wir können eine andere Version realisieren. Wir graben statt dessen in den Berg hinein. Somit bleibt es das Gleiche, man ist immer noch am Meer, auch wenn man nicht darüber läuft. Wir können auch dieser Idee etwas abgewinnen. Da

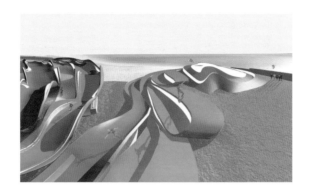

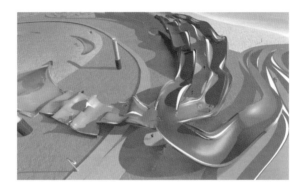

A Skate Park That Glides the Land & Drops into the Sea, San Juan, Puerto Rico, 2004

Vito Acconci

There were certain things, as always, that we couldn't do. United States law doesn't permit having these things over the ocean, but we can do a different version. We are going to dig into the mount instead. So it will still be the same thing, you still go at the ocean even though you don't go over it. We sort of liked the idea. Since skateboarding probably started from surfing anyway, we thought we could join skateboarders and surfers.

Kenny Schachter

That's amazing. You can always turn the island in Graz into a skate park, into a skate bowl.

Lilian Pfaff

Was Graz the biggest project so far?

Vito Acconci

I wish somebody would ask us more to do really usable things. The prob-

Skateboard fahren vielleicht sowieso eine Nachahmung des Surfens ist, dachten wir uns, Skateboarder und Surfer zusammenzubringen.

Kenny Schachter

Das ist erstaunlich. Du kannst die Insel in Graz immer noch zu einem Skatepark umwandeln, in eine Skaterschüssel.

Lilian Pfaff

War Graz dein bislang größtes Projekt?

Vito Acconci

Ich wünschte, wir hätten mehr Aufträge, etwas wirklich Benützbares zu planen. Das Problem ist, alles, was wir planen, sieht aus wie ein Skatepark. Unser Thema ist das Spiel mit der Oberfläche, auf der wir stehen. Wir hätten wohl mehr Aufträge, wenn jemand zu uns sagte: plant einen Bahnhof, einen Flughafen. Wir könnten ihn immer noch so aussehen und funktionieren lassen wie einen Skate-

lem is, everything we do looks like a skateboard park. Our stuff is about playing with the surface you are on. I feel we would have more to do if somebody said: do a railroad station, do an airport. We could still make it look and act like a skateboard park, but it could be more than just play. We need to do a building. Graz, the island, is almost a building.

Lilian Pfaff
How did the commission come about?

Vito Acconci
As you know, one city is selected each year to be the European cultural capital and an organization is formed to manage the whole thing, which lasts a year. So it's not exactly the city that asked us, it was the organization, Graz 2003. And they asked us in a kind of roundabout way. Robert Punkenhofer, who comes from Graz—I think he studied law and is also involved in promoting contemporary art—anyway, he suggested to Graz 2003 the idea of putting something like an island in the river and he sug-

park, aber es wäre dann mehr als nur ein Spiel. Wir müssten eigentlich Gebäude planen. Graz, die Insel, ist fast ein Gebäude.

Lilian Pfaff
Wie kamst du an diesen Auftrag?

Vito Acconci
Bekanntlich wird jedes Jahr eine Stadt zur europäischen Kulturhauptstadt gekürt, und es wird eine Organisation für die Durchführung dieses auf ein Jahr angelegten Events aufgebaut. Es war letztlich nicht die Stadt, die uns gefragt hat, sondern das Organisationskomitee, 2003. Und die Anfrage kam auch über Umwege an uns. Robert Punkenhofer, der aus Graz stammt – ich glaube, er studierte Jura und ist in der Vermarktung zeitgenössischer Kunst aktiv – er schlug Graz 2003 vor, so etwas wie eine Insel in den Fluss zu setzen, und er schlug vor, dass wir sie planen sollten.

gested to them that we do it.

Cristina Bechtler
They suggested the island?

Vito Acconci
Yes, it wasn't our idea. We were just like architects, we were told what to do. Not only did they ask for an island, they asked for an island that would function as a theater, a playground, and a café. So we had to make a space with three functions, but we wanted it to be a space in itself. Thinking about the theater, it occurred to us that a convenient starting point might be to think in terms of a ball, because people can sit around the edge of a ball. So let's think about our theater as a ball. What if the ball twists, what if the ball turns upside down, it now becomes a dome, the dome could be the roof of the café. As the dome twists into a ball and vice versa, the in-between part becomes a playground. So it turned into what they wanted. The dome as a café. As you walk in the doorway, there

Cristina Bechtler
Die haben die Insel vorgeschlagen?

Vito Acconci
Ja, sie war nicht unsere Idee. Wir waren wie Architekten, man sagte uns, was zu planen war. Und sie beauftragten uns auch nicht, irgendeine Insel zu planen, sondern eine Insel mit einem Theater, einem Spielplatz und einem Café. Daher mussten wir einen Raum mit drei Funktionen schaffen, aber wir wollten, dass es ein geschlossener Raum ist. Als wir über das Theater nachdachten, kamen wir darauf, dass ein guter gedanklicher Ausgangspunkt die Form eines Balls wäre, weil die Menschen am Rand eines Balls sitzen könnten. Also dachten wir uns unser Theater als Ball. Was passiert, wenn sich der Ball dreht, was passiert, wenn der Ball umgedreht wird, dann wird daraus eine Kuppel, die Kuppel könnte das Dach des Cafés werden. Wenn die Kuppel in einen Ball gedreht wird und umgekehrt, wird das Innere ein Spielplatz. So wurde daraus, was sie wollten. Die Kuppel als Café. Wenn man durch den Eingang läuft, ist dort ein Vordach, das sich nach unten dreht und zu Sitzgelegenheiten um die Kuppel wird. Da wir uns als

Mur Island, Graz, 2003

is a canopy that twists down to make lounge seating around the dome.
Since we think of ourselves as designers, we did the inside of the café as
well as the outside.

Cristina Bechtler

How did the idea of the ball occur?

Vito Acconci

Well, we needed a starting point. So theater was a ball, then from there
we thought of twisting, shifting. The big value of the piece for me, for us,
is that it was never really an island, because you had to enter by bridges.

Kenny Schachter

It would be a lot less accessible if you needed to use a boat …

Vito Acconci

We wanted to have these underground tunnels. But then we found out

Gesamtplaner verstehen, gestalteten wir die Einrichtung des Cafés ebenso wie
das Äussere.

Cristina Bechtler

Wie kamt ihr auf die Idee mit dem Ball?

Vito Acconci

Nun wir brauchten einen Ausgangsgedanken. Also das Theater war ein Ball, den
wir dann drehten und wendeten. Der große Vorteil dieses Projekts für mich, für
uns war, dass es nie wirklich eine echte Insel war, da man Brücken hatte.

Kenny Schachter

Sie wäre weitaus schlechter zugänglich gewesen, wenn man Boote gebraucht
hätte …

Vito Acconci

Wir hätten gerne unterirdische Tunnel gehabt. Aber dann wurde uns klar, dass
das Wasser nur 50 cm tief ist. Die Insel musste schwimmen, da es ein Fluss ist

that the water is usually only 50 cm deep. The island needed to float because it is a river and there is a changing tide, so we needed something that could flow with the river.

Lilian Pfaff

Like in the Skateboard Park, there are different users meeting up here as well.

Vito Acconci

It didn't work that well in Graz. What was important to us was that the children's playground was the backdrop of the stage. So that any time you were watching something, there would be screaming children in the back. Or in Kenny's space too. We took the top of the wall that separated the gallery from his children's playroom and twisted it into the gallery to become a projection space.

und die Wassertiefe schwankt, daher brauchten wir etwas, das auf dem Fluss schwamm.

Lilian Pfaff

Wie im Skateboard Park treffen auch hier unterschiedliche Nutzer aufeinander.

Vito Acconci

Es funktionierte in Graz nicht so gut. Für uns war wichtig, dass der Kinderspielplatz hinter der Bühne ist. Damit man bei jeder Aufführung zugleich auch die schreienden Kinder im Hintergrund sehen kann. Wie in Kennys Raum auch. Wir nahmen das obere Ende der Wand, das die Galerie vom Spielzimmer seiner Kinder trennte und drehten sie in die Galerie, so dass daraus ein Projektionsraum wurde.

Kenny Schachter

Es ist toll, wie Kinder darauf reagieren, unschuldig, aber mit subversiver Kraft. Sie warfen gerne Stofftiere auf die Wand über dem Raum und brachten sich damit in den Prozess ein.

Kenny Schachter

It's great the way children react to this, innocent, yet undermining. They used to throw stuffed animals on the ceiling above the space, constantly kind of interjecting in the process.

Vito Acconci

There is another nagging doubt I have. So many of us are using topological models as ways to make a continuous space. I have a problem with that because I wonder if a continuous space isn't ultimately a closed space. How does a continuous space become part of its surroundings? Am I doing exactly the opposite of what I want to do?

Lilian Pfaff

Like in Graz?

Vito Acconci

There we have a problem with this kind of bulging, twisting space.

Vito Acconci

Es gibt da noch einen weiteren in mir nagenden Zweifel. So viele von uns verwenden topologische Modelle als Möglichkeiten, einen kontinuierlichen Raum zu schaffen. Ich habe ein Problem damit, da ich mich frage, ob ein kontinuierlicher Raum nicht letztlich ein geschlossener Raum ist. Wie wird ein kontinuierlicher Raum Teil seiner Umgebung? Mache ich genau das Gegenteil von dem, was ich tun möchte?

Lilian Pfaff

Wie in Graz?

Vito Acconci

Dort haben wir ein Problem mit diesem sich wölbenden, drehenden Raum.

Kenny Schachter

Wo liegt das Problem?

Kenny Schachter
What's the problem?

Vito Acconci
It makes a world in itself. It's continuous. If you break the Moebius strip, other things can come in from the world. Does it have to be either/or? Does a topological space ultimately have to be a perforated space, so that the rest of the world comes in?

Lilian Pfaff
Have you always been interested in "other places"?

Vito Acconci
You know the notion of architecture—maybe I got this from *Blade Runner*—which is about an architecture that doesn't start from nothing. When I saw *Blade Runner*, I thought, well this is the opposite of *2001: A Space Odyssey* where the future is all white, all made like it's been worn for the first time.

Vito Acconci
Er schafft sich eine Welt in sich, sie ist kontinuierlich. Wenn man das Möbiussche Band durchtrennt, können andere Dinge aus der Welt hineingelangen. Muss es dieses Entweder/Oder geben? Muss ein topologischer Raum letztlich ein perforierter Raum sein, damit der Rest der Welt eindringt?

Lilian Pfaff
Hast du dich schon immer für diese „anderen Orte" interessiert?

Vito Acconci
Man kennt diese Vorstellung von Architektur – vielleicht habe ich sie aus *Blade Runner* –, hier geht es um eine Architektur, die nicht aus dem Nichts kommt. Als ich *Blade Runner* gesehen habe, dachte ich, nun das ist das Gegenstück zu *2001: A Space Odyssey*, bei dem die Zukunft ganz in weiß getaucht ist, alles sieht aus, als wird es zum ersten Mal getragen. In *Blade Runner* wird vermittelt, das Zeug ist da, und man muss nur etwas oben drauf bauen.

Kenny Schachter
Vergleichbar mit den Räumen, die du unter den Hochstraßen gebaut hast.

In *Blade Runner*, the notion is that this stuff is there, you just build something on top of it.

Kenny Schachter

Just like when you built these spaces under elevated highways.

Vito Acconci

There is a quality the work has that I hope it doesn't lose; architecture should be some kind of parasite or virus. It should leech on to other architecture, on to the city that's already built. When there's a blank wall inside a building somewhere, shouldn't something be built there so that people who aren't admitted to the building can now have some place to be?

Kenny Schachter

Not a way to make a lot of friends in the architectural community!

Vito Acconci

Die Arbeit hat eine besondere Eigenschaft, die sie hoffentlich nicht verliert; Architektur sollte eine Art Parasit oder Virus sein. Sie sollte sich wie ein Blutegel an andere Architektur, an die bereits gebaute Stadt saugen. Wenn es eine schwarze Wand irgendwo in einem Gebäude gibt, sollte denn da nicht etwas gebaut werden, damit die Menschen, die keinen Zutritt zu dem Gebäude haben, jetzt einen Aufenthaltsort bekommen?

Kenny Schachter

Damit macht man sich aber in der Architekturszene nicht viele Freunde!

Vito Acconci

Es scheint doch so, dass die Architektur, um lebendig zu bleiben, ein eigenständiges lebendes System sein muss, die Haut muss sich verändern, und sie muss sich in irgendeiner Form fest mit der Stadt verbinden. Vielleicht können wir das nicht mit unserer Art von institutionalisierter Architektur erreichen. Wir bekommen Bauprogramme, aber keiner sagt, baue etwas auf dieses Gebäude.

Vito Acconci

It just seems that, in order to stay alive, architecture has to have its own living system, the skin has to change, and it has to intertwine with the city in a way. Maybe we can't achieve this with the kind of institutionalized architecture that we do. We get programs, but no one is going to say, build something on this building.

Kenny Schachter

Actually what your doing in London right now involves this kind intervention in somebody else's architecture.

Vito Acconci

It's a place called New Street Square off Fleet Street. The project has changed a lot. I started to hate what we were doing. We were confining ourselves to the ground. We have to tie into those buildings in some way. I feel like we are laying too low here. When we try to think of a plaza between buildings, we shouldn't be thinking just about the ground, we

Kenny Schachter

Eigentlich ist das, was du im Moment in London machst, diese Art von Eingriff in die Architektur eines anderen.

Vito Acconci

Es ist ein Ort in der Nähe der Fleet Street, der New Street Square heißt. Das Projekt hat sich sehr gewandelt: Am Anfang mochte ich überhaupt nicht, was wie geplant hatten. Wir beschränkten uns auf den Boden, die Fläche. Wir müssen in irgendeiner Weise an die vorhandenen Häuser anbinden. Ich spüre, dass wir hier noch nicht weit genug gehen. Wenn wir versuchen, uns eine Plaza zwischen den Gebäuden vorzustellen, sollten wir nicht nur an etwas am Boden denken, wir sollten über Volumen nachdenken, wir müssen in die Höhe gehen. Das Baubudget erlaubt es den Leuten nicht, in der Luft zu laufen, aber wir möchten etwas in dieser Art machen und wir arbeiten daran.

Cristina Bechtler

Aus welchem Material wäre das?

should be thinking about volume, we need to do something up. The budget won't allow people walking all over the air, but we want to do something like that and we're working at it.

Cristina Bechtler
What material would it be?

Vito Acconci
There are so many ifs. This is a very conceptual proposal. What the architects wanted was walled greenery. There is a growing system now, a kind of mesh system which holds what in effect are these little platters, like a green wall that's not just a climbing plant. I think it was developed in Japan. At first they wanted a kind of theater area. So we had this wall of water acting as a backdrop for a stage. We would have a green area on the roof and then slope down. As it sloped down, it would become a kind of amphitheater. But they said absolutely not, we cannot have people walking on the building.

Vito Acconci
Es gibt so viele Wenns und Abers. Dies ist zunächst ein vorläufiges Konzept. Die Architekten wollten eine Wandbegrünung. Es gibt jetzt Wachshilfen, eine Art Maschendrahtsystem, die letztlich diesen kleinen Platten Halt geben, wie eine grüne Wand, nicht nur mit Kletterpflanzen. Ich glaube, es wurde in Japan entwickelt. Zuerst wollten sie eine Art Theaterbühne. Also schlugen wir eine Wasserwand als Hintergrund für eine Bühne vor. Es gäbe einen Grünbereich auf dem Dach, der nach unten führt. In dieser Abwärtsbewegung würde daraus eine Art Amphitheater. Aber sie lehnten ab, die Leute könnten unmöglich auf dem Gebäude laufen.

Kenny Schachter
Ich erinnere mich an das Krankenhaus in Scarsdale, als du zum ersten Mal die Idee mit einer Wasserwand hattest.

Vito Acconci
Wir machten auch einen Vorschlag für ein Versicherungsgebäude, bei dem Wasser die Fassade des Gebäudes bedecken sollte. Sie hatten eine Plaza mit zwei

Kenny Schachter

I remember in the hospital in Scarsdale, when you first came up with this combination of water flowing through a Moebius strip-like wall.

Vito Acconci

We also made a proposal for an insurance building where water would cover the façade of the building. They had a plaza with two pools of water. We had to give these pools a raison d'être, so we had water flowing down the façade.

Kenny Schachter

Instead of putting TV screens on every building.

Vito Acconci

This would prove that maybe there is a reason for getting insurance! But the project never got anywhere.

Wasserbecken. Wir mussten diesen beiden Becken eine Daseinsberechtigung geben, also ließen wir Wasser die Fassade herunterfließen.

Kenny Schachter

Statt Fernsehschirme auf jedem Gebäude zu installieren.

Vito Acconci

Dies wäre der Beweis, dass es einen Grund für den Abschluss einer Versicherung gibt! Aber dieses Projekt wurde nicht weiter verfolgt.

Lilian Pfaff

War es denn machbar?

Vito Acconci

Es ist nicht so schwierig. In London dachten wir zunächst, die Wasserwand wäre nicht sinnvoll, weil ursprünglich von dieser Plaza aus vier Straßen abgingen, somit hatten wir in einer dieser Straßen eine Art Wasserdecke und diese Wasserdecke

Lilian Pfaff

Was it even feasible?

Vito Acconci

It's not that complicated. In London, we started to think the wall of water didn't make sense because originally from this plaza there are four streets, so in one of those streets we had a kind of ceiling of water and then the ceiling of water came down to make this wall. They objected to the ceiling of water. Once we had this wall of water, we would have water on the ground, but it has to get up in order to come down and flow into the plaza.

Lilian Pfaff

Was water the problem that prevented the hospital project from being done economically?

würde dann zu der Wasserwand werden. Die Wasserdecke wurde abgelehnt. Wenn wir diese Wasserwand hätten, gäbe es Wasser am Boden, aber es muss auch nach oben kommen, um herunterlaufen und in die Plaza fließen zu können.

Lilian Pfaff

Lag es am Wasser, dass das Krankenhausprojekt nicht realisierbar war?

Vito Acconci

Sie mochten wohl unsere Arbeitsweise nicht. Wir arbeiteten mit einem Wasser-spezialisten zusammen. Und diese Leute konnten uns nie genaue Termine für die Fertigstellung der jeweiligen Arbeiten geben. Etwas wurde begonnen und dann wieder fallengelassen.

Lilian Pfaff

Vielleicht weil die Leute dich nicht als Architekten akzeptieren, vielleicht musst du deinen Namen ändern.

Project for New Street Square, London, 2005

Winterthur Insurance Building, Winterthur, 1999

Vito Acconci

They just didn't seem to like the way we were working. We were working with a water person. And those people never could give us exact dates when certain things would be done. It was started, then they dropped it.

Lilian Pfaff

Maybe because people don't accept you as an architect and you have to change the name.

Vito Acconci

I don't think a change of name would do the trick. We have to build a few buildings. Even Graz, that's a kind of entertainment place. If we could do that as a floating building then people would take us more seriously as architects. But it hasn't happened. The Graz project hasn't led to architectural projects.

Vito Acconci

Ich glaube nicht, dass eine Namensänderung dies bewirken würde. Wir müssen ein paar Gebäude errichten. Graz ist letztlich auch ein Unterhaltungsort. Könnten wir das als schwimmendes Gebäude planen, würden uns die Leute eher als Architekten akzeptieren. Aber dies war nicht der Fall. Das Graz-Projekt führte nicht zu weiteren Architekturprojekten.

Kenny Schachter

Aber die Insel wird auf absehbare Zeit im Fluss bleiben. Gibt es für dich einen Unterschied in der Beziehung zwischen einem Architekten und einem Bauherrn sowie zwischen einem Galeristen oder Sammler oder Kurator und einem Künstler?

Vito Acconci

Natürlich, weil der Galerist oder Sammler nachrangig ist, er kommt nach der Gestaltung. Ein Bauherr ist eigentlich ein Mitarbeiter. An ihm führt kein Weg vorbei.

Kenny Schachter

Aber viele Architekten beabsichtigen keine solche Beziehung.

Kenny Schachter

But the island is there for the foreseeable future. Do you see a difference in the relationship between an architect and a client and a gallerist or a collector or a curator and an artist?

Vito Acconci

Yeah, because a gallerist or a collector comes afterwards, after the design. A client is really a collaborator. It's almost impossible for a client not to be.

Kenny Schachter

But a lot of architects don't envisage the relationship in such a way.

Vito Acconci

But don't they have to?

Kenny Schachter

I think, they don't want to. A high profile architect did a design, a major,

Vito Acconci

Aber müssen sie das nicht?

Kenny Schachter

Ich glaube, sie wollen es nicht. Ein großer, bekannter Architekt machte seinen Entwurf, ein wirklich großes Ding, und die Stadtplaner sagten, er müsse das Gebäude weniger hoch machen. Aber der Investor wollte keinen Quadratmeter aufgeben, also sagte er, mach' es im unteren Bereich breiter und verschiebe das oben verlorene Bauvolumen nach unten, und der Architekt sagte, ich bin doch kein Dekorateur, ich bin doch kein Innenausstatter, und schmiss den Job hin. Es gibt bestimmte Notwendigkeiten, praktische Details, mit denen sich ein Architekt meiner Meinung nach abfinden muss.

Vito Acconci

Es gibt gewisse Momente, da denke ich, wir sollten dieses London-Plaza Projekt aufgeben. Man muss Anpassungen vornehmen, man muss ständig verändern. Das ist ok, Anpassungen sind ok. Aber wenn wir uns auf den Boden beschränken

major thing, and the city planners said he had to make the building less tall. But the developer did not want to give up the square feet, so he said make it fatter at the bottom and shift the lost volume from above to below, and the architect said I'm not a decorator, I'm not an interior decorator and walked away from the job. There are certain necessities, practicalities I think an architect should be able to cope with.

Vito Acconci

There were certain moments when I was thinking we might have to walk away from this London Plaza project. You have to make adaptations, you have to keep modifying. That's fine, adaptations are fine. But if we have to confine ourselves to the ground, we won't be able to do anything with that more volumetric space between buildings—unless we can revise the project so much that the ground makes sense, and there might be a way to do that. Otherwise everything is domesticated; it's just too much in the mode of a building and a plaza.

müssen, sind wir nicht in der Lage, etwas aus dem großen Volumen, dem Raum zwischen den Gebäuden zu machen – sofern wir das Projekt insoweit ändern können und der Boden sinnvoll eingebunden werden kann, gibt es für uns eine Planungsmöglichkeit. Sonst ist alles so gezähmt, so domestiziert; es entspräche zu sehr dem Schema Gebäude und Plaza.

Kenny Schachter

Hierarchisch?

Vito Acconci

Ich bin mir nicht sicher, ob das eine Frage von Hierarchie ist. Wir finden einfach keine Möglichkeit für die Nutzung, die Definition des Raums zwischen den Gebäuden. Ich fühle mich praktisch so, als hätte man uns auf dem Boden festgenagelt. Ich hoffe, dass dies nicht das Problem ist. Ich meine immer, dass unsere Haltung das genaue Gegenteil der Haltung von Richard Serra ist. Wir möchten nicht irgendetwas machen, das nichts mit seiner Umgebung zu tun hat. Wir möchten, dass das was wir machen, in Bezug zu seiner Umgebung steht. Aber wenn wir nur ein Schlüssel zu einer Ebene sind, dann machen wir das nicht.

Kenny Schachter
Hierarchical?

Vito Acconci
I'm not so sure it's about a kind of hierarchy. We're just not finding a way to use, to define, the space between buildings. I feel like we have let ourselves literally be beaten into the ground. I hope it's not about that. I always feel that our attitude is the opposite of the Richard Serra attitude. We don't want to make something that has nothing to do with its surroundings. We want it to have everything to do with its surroundings. But if we are just a key to one level, we are not doing that.

Kenny Schachter
And they have outright rejected your notion of trying to go up?

Vito Acconci
We have reintroduced it. They might reject it again. They didn't reject it outright when we reintroduced it; they were very accepting of it at first, but then they started to pull parts out. We like to believe that we can be given any situation and we can find a way to work with it. We will see.

Kenny Schachter
Und sie haben deine Idee, nach oben zu gehen, rundweg abgelehnt?

Vito Acconci
Wir haben sie nochmals eingebracht. Sie verwerfen sie vielleicht wieder. Sie haben sie nicht rundweg abgelehnt, als wir sie nochmals eingebracht haben; sie waren zunächst sogar sehr damit einverstanden, aber dann begannen sie, die Idee auseinander zu nehmen. Wir glauben daran, dass man uns vor jede Situation stellen kann und wir einen Weg finden, damit zu arbeiten. Wir werden sehen.

Vito Acconci, Kenny Schachter

Biographies

Vito Acconci, artist and architect, was born in Bronx, New York in 1940. He studied literature and poetry. In 1962 he received a B.A. from Holy Cross College Worcester, Massachusetts and in 1964 an M.F.A. from the University of Iowa. After working as a poet and teaching, he moved to the visual arts in the late 1960s and worked with photography, text, film, video, sound and performance. In 1988, he founded Acconci Studio, where he develops projects in architecture, furniture and urban spaces. Vito Acconci won several prizes and exhibited his work internationally, in particular at the Museum of Modern Art in New York, the Centre Georges Pompidou in Paris, the Venice Biennale and the Documentas 5, 6, and 7 in Kassel. He lives in Brooklyn, New York.

Cristina Bechtler, publisher, is founder and director of Ink Tree Editions, Küsnacht, Switzerland, an imprint for artist's books, editions and portfolios with contemporary artists. She conceived and realizes the book series Art and Architecture in Discussion. Previous books in this series have been published with Frank O. Gehry/Kurt W. Forster; Rémy Zaugg/Herzog & de Meuron, Mario Merz/Mario Botta and Jacques Herzog/Jeff Wall/Philip Ursprung.

Vito Acconci, Künstler und Architekt, wurde 1940 in der Bronx in New York geboren. Er studierte Literatur und Dichtung. 1962 machte er seinen Abschluss als B.A. am Holy Cross College Worcester, Massachusetts, und 1964 als M.F.A. an der University of Iowa. Zunächst arbeitete er als Dichter und Lehrer, in den späten 1960er Jahren konzentrierte er sich auf die Visual Arts und arbeitete mit Fotografien, Texten, Filmen, Videos, Klang und als Performancekünstler. 1988 gründete er das Büro Acconci Studio, in dem er Projekte in den Bereichen Architektur, Möbel und urbanem Raum entwickelt. Vito Acconci gewann zahlreiche Preise und stellte seine Arbeiten auf internationaler Ebene aus, insbesondere im Modern Art in New York, im Centre Georges Pompidou in Paris, auf der Biennale in Venedig und auf der Documenta 5, 6 und 7 in Kassel. Er lebt heute in Brooklyn, New York

Cristina Bechtler, Verlegerin, ist Gründerin und Direktorin von Ink Tree Editions, Küsnacht, einem Verlag für Kunstbücher, Portfolios und Editionen zeitgenössischer Kunst. Sie konzipiert und realisiert die Buchreihe Art and Architecture in Discussion. In dieser Reihe bereits erschienen sind Gespräche mit Frank O. Gehry/Kurt W. Forster; Rémy Zaugg/Herzog & de Meuron, Mario Merz/Mario Botta und Jacques Herzog/Jeff Wall/Philip Ursprung.

Kenny Schachter, curator, artist and artdealer was born in New York in 1961. He studied philosophy and political science at the George Washington University (B.A. 1984) and law at the Benjamin N. Cardozo School of Law in New York (1987). After a stint as a Wall Street dealer, he has been working since 1988 as an artist, curator, gallerist and writer. In 1991, he founded Rove, a nomadic gallery. In 2001 he established the gallery conTEMPorary, located first in New York and since 2004 in London.

Lilian Pfaff, art historian, was born in Lindau/B., Germany, in 1971. She studied art history and history at the Universities of Hamburg and Basel. Post-graduate studies at the ETH Zürich 2000, dissertation at the University of Zürich on Vito Acconci's architectural projects. Research assistant at the Architecture Museum in Basel, and later at the Institute of Art History of the University of Zürich. Since 2004, she is editor-in-chief of tec21 - Fachzeitschrift für Architektur, Ingenieurwesen und Umwelt. Publications: Fondazione Prada (ed.): Herzog & de Meuron: Prada Aoyama Tokyo, Milan 2003, as well as numerous articles on contemporary architecture and art in catalogues and journals.

Kenny Schachter, Kurator, Künstler und Galerist, wurde 1961 in New York geboren. Er studierte Philosophie und Politikwissenschaften an der George Washington University (B.A. 1984) sowie Jura an der Benjamin N. Cardozo School of Law in New York (1987). Über den Umweg als Händler an der Wall Street, arbeitet er seit 1988 als Künstler, Kurator, Galerist und Schriftsteller. 1991 gründete er Rove, eine Nomanden-Galerie. 2001 baute er die Galerie conTEMPorary, die sich zunächst in New York befand und seit 2004 in London angesiedelt ist.

Lilian Pfaff, Kunsthistorikerin, wurde 1971 in Lindau/Bodensee geboren. Sie studierte Kunstgeschichte und Geschichte an den Universitäten Hamburg und Basel und absolvierte 2000 ein Nachdiplomstudium an der ETH Zürich. Ihre Dissertation schreibt sie an der Universität Zürich über Vito Acconcis Projekte im Bereich Architektur. Nach ihrer Tätigkeit als Wissenschaftliche Mitarbeiterin am Architekturmuseum Basel arbeitete sie am Lehrstuhl Prof. Dr. Stanislaus von Moos am Kunsthistorischen Institut der Universität Zürich. Seit 2004 ist sie Chefredaktorin von tec21 - Der Fachzeitschrift für Architektur, Ingenieurwesen und Umwelt. Zu ihren Veröffentlichungen zählen Fondazione Prada (Hrsg.): Herzog & de Meuron: Prada Aoyama Tokyo, Mailand 2003, sowie zahlreiche Artikel über zeitgenössische Architektur und Kunst in Katalogen und Zeitschriften.

List of Illustrations

Series Editor:
Cristina Bechtler, INK TREE, Seestrasse 21, CH-8700 Küsnacht
T. +41 44 913 30 99, F. +41 44 913 30 81, www.inktree.ch

Translation from German: Catherine Schelbert, CH-Hertenstein
Translation from English: Wieser und Keßler, D-63743 Aschaffenburg

Editing: Lilian Pfaff, Cristina Bechtler, Dora Imhof

© 2006 for reproduced works by Vito Acconci/Acconci Studio, Sabine Rufener (p.14), OMA (p.22), Österreichische Friedrich und Lilian Kiesler Privatstiftung, Wien (p.28), Berenice Abbott (p.28), Hans Hammarskiöld (p.86), 2006 ProLitteris, Zürich (p.86), R&Sie ... architects (p.88), Frank O. Gehry (p.130), Salome Schnetz (p.158)
© 2006 Springer-Verlag/Wien and Authors
Printed in Austria
Springer-VerlagWienNewYork is a part of Springer Science+Business Media
springeronline.com

Layout: David Marold / Springer Verlag GmbH, A-1201 Wien
Printing: Holzhausen Druck & Medien GmbH, A-1140 Wien

Printed on acid-free and chlorine-free bleached paper
SPIN: 11343905

Library of Congress Control Number: 2006920022

With numerous (partly coloured) Figures

ISSN 1613-5865
ISBN 10   3-211-23768-2 Springer-VerlagWienNewYork
ISBN 13   978-3-211-23768-7 Springer-VerlagWienNewYork

Previous publications:
- Discussion with Mario Botta and Mario Merz (out of print)
- Discussion with Herzog & de Meuron and Rémy Zaugg (out of print)
- Discussion with Frank Gehry and Kurt W. Forster (out of print)
- Discussion with Jacques Herzog and Jeff Wall, moderated by Philip Ursprung

In preparation:
- Discussion with John Baldessari, Liam Gillick and Lawrence Weiner, moderated by Beatrix Ruf
- Discussion with Doug Aitken and Hedi Slimane, moderated by Hans Ulrich Obrist